なぜ我々は神の血統を守るのか

祝福家庭と神の血統

世界平和統一家庭連合 家庭教育局 編

光言社

はじめに

真の父母様は新千年紀を迎えた二〇〇一年一月十三日、神様王権即位式を挙行されながら、天の父母様（神様）の願われる理想世界における天法を明確に示してくださいました。その第一条が、「神の血統を永遠に守る」ということです。

天の国の憲法第一条とは何でしょうか。血統を汚してはならない、血統を清く保存しなさい、純潔の血統を永遠に守りなさいということです。今から、祝福を受けた血統は、神様の血統であり、神様の愛と生命を受け継いだものなので、今までの堕落世界に染まった習慣的な行動で汚してはなりません。それを守ることができますか。夫婦になっている人も、配偶者がいなければ一人でもいいので、完全に（絶対に）血統を汚さないという人は、目を閉じて決意し、神様だけを見つめて力いっぱい手を挙げて誓いましょう。（二〇〇一年一月十三日、マルスム選集三四一巻二九九頁）

一方で、私たちを取り巻く社会環境は、未《いま》だ天の願われる基準からは遠いものがあります。そのような中で、祝福家庭が神様の血統を代々、守り抜いていくことは、簡単ではありません。

そこで、改めて私たちが、真の父母様から頂いた祝福結婚の価値と神様の血統を守り、神様の願われる平和理想世界を実現していくための指針となることを願って、本書をまとめました。

本書では、「血統」というテーマを中心として、神様の創造理想、人間の堕落、復帰摂理の内容を整理し、真の父母様によってもたらされた祝福の価値について解説しています。さらに、私たちが普段の生活において神様の血統を具体的に守り抜くために、これまでの事例などから導き出される心構えや注意点なども学べるようにしました。

それぞれの項目には、み言《ことば》、解説とともに、図を入れて、より理解しやすいようにまとめてあります。自分自身で本書を学ぶのはもちろん、祝福結婚と神様の血統の価値を、子女や、必要としている人々に分かりやすく伝えていくために、活用していただければ幸いです。

本書が、祝福結婚と神様の血統の価値を私たちがもう一度深く理解し、天の願われる神統《しん》一世界実現に向かって力強く、まっすぐに歩んでいくための一助となることを願ってやみません。

天の父母様聖会 世界平和統一家庭連合

目次

序章

真の父母様は、旧約聖書においてイスラエル民族がエジプトを脱し、カナンの地に定着した後、たどった道について触れながら、その過ちを繰り返してはならないと強調されました。このことは、私たちが神様の血統を相続した祝福家庭としてのアイデンティティーを確認する上で、改めて胸に刻む必要がある内容です。

本章では、祝福結婚の意義と価値について学ぶに当たって、まず現在の祝福家庭の苦悩、真の父母様の恩赦について触れ、本書を読み進めるに当たって問題意識を共有できるようにしました。また、本書で一貫して強調する「神様の血統を守る」という言葉の意味についても、明確にしています。

一、カナンの地におけるイスラエル民族

聖書の出エジプト記において、モーセを先頭にエジプトを脱出したイスラエル民族は、その後、四十年以上もの間、流浪生活を続けながら、神様が指し示してくださる土地、自分たちの祖先が住んでいた土地であるカナンを目指しました。それは、決して簡単な道のりではありませんでした。モーセをはじめ、多くの人々がその途中で命を落としましたが、イスラエル民族は神様から立てられたヨシュアを中心に迎えて再び一致団結し、カナン七族との闘いに勝って、神様が祝福された土地に定着することができたのです。

しかし、カナンの地に入ったイスラエル民族を待ち受けていたものは、それまでの流浪生活とはまた違う試練でした。本来、彼らは神様から立てられた選民として、神様に対する信仰と伝統を守っていくべきでしたが、カナンの地に根付いていた文化や価値観に触れる中で、かえって自らのアイデンティティーを失っていったのです。

特に、彼らが血統に対して曖昧な立場に立ち、子孫がカナンの地の人々と結婚することによって、やがて現地の人々が信じる土着の信仰を受け入れ、イスラエル民族を導いてこられた神様を忘れていったことが、聖書には書かれています。

イスラエルの人々はカナンびと、ヘテびと、アモリびと、ペリジびと、ヒビびと、エブスびとのうちに住んで、彼らの娘を妻にめとり、また自分たちの娘を彼らのむすこに与えて、彼らの神々に仕えた。こうしてイスラエルの人々は主の前に悪を行い、自分たちの神、主を忘れて、バアルおよびアシラに仕えた。（『口語訳』聖書、士師記 第三章五～七節）

真の父母様は再三にわたって、イスラエル民族がエジプトからカナンの地に戻った後、そこで世俗に染まり、信仰を失っていったことを指摘されながら、その過ちを教訓としなければならないと教えてくださいました。

昔、イスラエル民族がカナン復帰をするときは、乞食の群れとして入っていきました。四十年間、荒野で毎日のように飢え、マナとうずらだけを食べたのですから、みすぼらしい姿だったでしょう。顔を見て、姿を見れば、今にも死にそうな人々だというのです。

それで、カナン七族の中で裕福に暮らす家を見て、「あの人たちと結婚すれば良いな。いいものを食べたい」と思ったのです。心を奪われたというのです。反対されるとき、心を奪われたのです。

（天一国経典『天聖経』第九篇 第二章 第四節 20）

カナンの地に入るために戦うイスラエルの人々（ギュスターヴ・ドレ）

イスラエル民族は、カナンの地に上陸して、すべてのものを失って乞食になったとしても国を立てなければなりませんでした。ところが、サタン側の七族、異邦人と交際し、結婚したいと考えたのです。女性たちは、その人たちの家を出入りしながら働いて自分の一族を食べさせなければならなかったのですが、そこに娘がいれば、自分の息子と結婚させたらどうかと考えたというのです。とんでもないことです。自分の娘をその家の息子と結婚させるのがよいと考えました。（一九九三年十月十五日、マルスム選集二五〇巻三四二頁）

イスラエル民族がカナンを復帰したのちに滅亡してしまったのは、彼らが既存の環境に同化して習慣化してしまったためです。彼らは、より豊かに生き、より良く食べて、贅沢《ぜいたく》をする生活に幻惑されました。彼らは、権力を貪り、知識優先主義に流れました。異邦人でも、お金持ちの家ならば結婚しました。結局、彼らは、選民の精神を売り渡すようになり、天の伝統まで失ってしまったのです。（天一国経典『平和経』第二篇15）

イスラエル民族は本来、神様から選ばれ、祝福された民として、カナンの地でも自分たちの血統を守りながら、神様に対する信仰を守っていくべきでした。そうして、その地で国家的な基盤を築き、メシヤを迎えることが願われていたのです。

神様の復帰摂理は、堕落によって失われた神様の血統を復帰することによって成されます。そのためには、血統を清めた上で、メシヤを地上に送り、サタンの血統を神様の血統へと転換させなければなりません。ですから、「血統を守る」ということが、歴史を通して、神様の選民にとって何よりも重要なことになります。その一点が曖昧になってしまうと、神様の摂理を進めることが、非常に難しくなってしまうのです。事実、当時のイスラエル民族も、子供たちの結婚により、彼らの家系に別の信仰が入ってきて、混乱をもたらすようになったと考えることができます。

二、祝福家庭が背負う苦悩

翻って、現在私たち祝福家庭が置かれている状況を考えてみましょう。真の父母様の勝利圏によって天一国時代が開かれ、「天一国安着」も宣布されて、時代的には、私たちがカナンの地で新たに神の国をつくっていく段階を迎えています。しかし一方で、私たちが普段、生活している環境には、まだまだ、天の願いとはほど遠い文化が色濃く残っています。

普段、過ごしている職場や地域コミュニティー、学校などには、「原理」のことも、真の父母様のことも知らない人々が、ほとんどでしょう。また、インターネットに接続すれば、日本だけでなく、世界中のありとあらゆる出来事、多様な価値観についての情報があふれています。中には、私たちを惑わすような情報も多くあるでしょう。そのような中で、私たちは自らを分別し、正しながら、生活していかなければなりません。

さらには、私たちだけでなく、私たちの子女も、世俗的な価値観に染まらないように、正しく導いていく責任があります。私たちが祝福家庭としてのアイデンティティーを確固たるものとし、天一国の文化を自分の氏族圏や住んでいる地域から拡大していくためには、親も子も、神様と真の父母様を中心とする価値観に立脚し、日々、自らを正していく必要があるのです。

このような姿勢が最も試されるのが、子女の祝福に携わる時ではないでしょうか。

一九八六年から始まった祝福子女の祝福、すなわち二世祝福に関して、その初期においては真の父母様がマッチングをしてくださいましたが、二〇〇一年からは、祝福家庭の父母がマッチングをする時代が開かれました。これまで、実際に父母と子女が一つになって天に祈り求める中で、ふさわしい相手を与えられたという証《あか》しが多くあります。

しかしその一方で、悲しいことですが、子女が祝福を受けず、教会を離れ、一般結婚をするケースも出ています。

三、神の血統を守るという意味

本来、祝福結婚を通して神様の血統として生まれた子女には、やはり祝福結婚を通して、神様の血統を後代に継がせていく以外の道はありません。真の父母様は、このように語っていらっしゃいます。

二世教育で父母様が強調したことは、今まで暮らしてきたすべての習慣性を忘れてしまいなさいということです。統一教会から始まって、統一教会の伝統を受け継ぎ、習慣化しなければなりません。父母様と神様を中心として習慣化しなければならないのです。

二世たちが祝福も受けず、自分の好きなようにしようとしたならば、再び戻ってこなければなりません。統一教会から抜け出して結婚することはできません。イスラエルには、淫行を行えば、石で打ち殺すという法がありました。今後、それ以上の恐ろしい時代が来るかもしれません。（一九八六年十月九日、マルスム選集一四八巻二一三頁）

このように、真の父母様は明確に、祝福子女たちが行くべき道を示してくださっていました。しかし、現実問題として、祝福結婚をせずに教会を離れ、一般結婚をする二世たちが出てくる状況を深刻に捉えられた真の父母様は、身もだえされながら、その救いの道を開いてこられたのです。

ここで改めて、本書において「神の血統を守る」という言葉の意味を明確にしておきます。この言葉は、広く捉えれば、神様の血統の価値を深く理解した上で、それを守るために、神様と真の父母様の願いに従って生きることを意味します。すなわち、単に堕落行為をしないというだけでなく、それにつながり得る一切の要素を分別し、自らを霊的、肉的に清く守りながら、ために生きて、天に喜びをお返ししていくことを意味するのです。「神の血統を守る」とは本来、そのような生活姿勢を指していう言葉です。ただ、焦点を明確にして説明するために、あえて狭義の意味で定義するならば、「神の血統を守る」とは、以下のような意味になります。

まず、祝福結婚を通して神様の血統に接ぎ木された家庭で生まれた子女にとっては、結婚前まで、性的関係を持つことなく過ごすこと（純潔を守ること）を意味します。一度でも祝福結婚と関係のないところで性的関係を持てば、神様との血統関係が切れ、サタン圏に落ちることになるので、その時点で血統を汚したことになります。その場合、天の特別な恩赦がない限り、いかなる形であっても神様の血統を取り戻すことはできません。

また、このように祝福結婚と関係のないところで性的関係を持つことを、神様の血統を持っていながらそれを失ったアダム・エバの失敗を繰り返したという意味で、「再堕落」といいます。

さらに、たとえ結婚前まで純潔を守ったとしても、祝福子女が神様と真の父母様の公認する祝福結婚式に参加しないで結婚し、夫婦となった場合は、やはり神様の血統を失うことになります。もし、人間始祖のアダムとエバが堕落せずに、神様を中心として結婚して真の父母となっていれば、そこから生まれてくる子女はすべて、その真の父母（アダム・エバ）が主管する結婚式を通して結婚するようになっていました。そこから外れることはあり得なかったのです。それゆえ、真の父母様による祝福結婚を通して生まれてきたすべての祝福子女は、やはり真の父母様が主管される祝福結婚式を通して結婚してこそ、神様の本然の血統を継承させていくことができます。そこから外れてしまえば、それはもはや、神様を中心と

「神の血統を守る」という意味

広義	神の血統の価値を深く理解した上で、それを守るために、天の願いに従って生きること（生活姿勢）
狭義	祝福子女：①結婚前まで性的関係を持たない（純潔を守る） ②祝福結婚をする 祝福夫婦：①与えられた夫婦の間においてのみ性的関係を持つ ②生まれてくる祝福子女が純潔を守り、祝福結婚を受けるように導く
再堕落	祝福結婚と関係のないところで性的関係を持つことで、アダムとエバの失敗を繰り返し、神の血統を失うこと

する結婚ではなくなり、神様の血統でもなくなってしまうのです。

次に、一世をはじめ、既に祝福結婚をした夫婦においては、その祝福結婚によって与えられた夫婦の間においてのみ性的関係を持つことが、神様の血統を守ることになります。夫婦のどちらかでも、不倫や浮気などをして他の人と性的関係を持つことは、再堕落となります。

また、祝福結婚をした夫婦のもう一つの使命として、そこから生まれてくる祝福子女が純潔を守り、同じように祝福結婚を受けるところまで導くことが挙げられます。

四、真の父母による恩赦

神様の血統を失ってしまった堕落の行為を反復する再堕落というのは、本来、決して赦《ゆる》されることではありません。しかし、真の父母様は人類の親であるがゆえに、たとえそのような立場に立った人でも、救いを受ける道を開いてくださいました。ただし、その背後で、真の父母様と真の御家庭が蕩減《とうげん》条件を立て、犠牲を払ってこられたという事実を、私たちは忘れてはなりません。

一九九五年八月三十日、真の父母様の主管のもと、血統問題、すなわち神様の血統を守れなかった問題を清算するための恩赦特別集会が行われました。この時は、一世として祝福を受けた後、様々な事情で男女問題を起こしてしまった人々が対象でしたが、真の父母様は集会の参加者に対して、このように語られました。

あなたたちを忘れることができません。この道を歩む数十年の過程で、先生を見つめながら涙を流し、その心で自分の足りなさを悔い改めた一日があるというのです。（中略）なぜこのような特赦を下すのかといえば、忘れることができないというのです。顔を見れば、切ってしまわなければならないのに、手が震えます。私が寂しい時、同調者になろうと苦労してきました。皆、涙を流して、先生のために生きようとしたでしょう。
それゆえ、私も神様の前に足りないので、私の前に足りないこれらを、収拾する責任を負おうと考えたのです。皆さんを同情して、この日を設けてあげる、出発の瞬間であることを知らなければなりません。（中略）
神様に尋ねてみると、私は、それでも少しましだというのです。神様の喜びの対象として現れ得る立場を描いてきたが、その現れる前に、主体たるアダム・エバという存在が堕落してしまったというのです。長い期間を蕩減してくる中、皆さんが離れたといえども、ひとときは私のために生きようという存在だったということを考える時、（私は）神様よりもましだと思いました。
そのような責任を負い、神様の前に談判祈祷をして、このようなことをしているという事実を知らなければなりません。（一九九五年八月三十日、「祝福家庭」一九九六年夏季号、四五〜四七頁）

このように、再堕落した祝福家庭に対して、真の父母様が神様の前に談判しながら、救いの道を開いてくださったのです。しかし、この当時も、真の父母様は祝福子女が再堕落した場合、「いくら考えても、まだその（救いの）道を探せない」と言われたといいます。

その後、血統問題を起こしてしまった祝福子女も、再び天のもとに帰ってくることのできる道が開かれ、祝福二世に対する恩赦が行われるようになりました。そのような事実を見て、私たちはややもすると、それらを定期的に行われる一つの行事のように捉えやすいですが、「救いの道がない」と言われていた祝福子女に対する恩赦が行われるようになった背後に、誰にも言うことのできない、真の父母様と真の御家庭の犠牲があるのです。

ですから、本来であればこのような恩赦を受けなくても済むように、私たち個人、夫婦、家庭全体が天の願いに沿って生きなければなりませんし、仮に、このような恩赦が行われたとしても、その背後にある真の父母様の心情と犠牲に思いを馳《は》せ、厳粛で謙虚な気持ちで受け止めていかなければなりません。

五、神の血統を通して、平和世界の実現を

既に述べたように、神様が進めてこられた救援摂理とは、すなわち、サタンの血統のもとに落ちてしまった人類を、再び神様の血統に戻すための摂理にほかなりません。神様は人類が再び神様の血統を持った子女となり、世界人類が一家族になる日を思い描きながら、摂理を進めてこられたのです。

そのための方法とは、蕩減《とうげん》復帰の原則を通してサタンが讒訴《ざんそ》することのできない条件を立

て、地上において内外の基台をつくった上で、神様の血統を持ったメシヤ、すなわち真の父母を送り、そこから再び、人類を神様の血統に接ぎ木していこうとするものでした。聖書に描かれている中心人物たちが歩んだ道とは、まさしく、そのメシヤを迎えるための基台をつくるとともに、サタンの血統を清算するための、涙ぐましい歩みだったのです。

真の父母様が歩んでこられた道も、ほかでもない、神様の血統を復帰するための歩みでした。平和理想世界を実現するためには、神様の愛、生命、血統が地上に定着する必要がありますが、その中で最も重要なのが「血統」であると、真の父母様は語られています。

生命より貴く、愛よりも重要なものが血統です。生命と愛が合わさって創造されるものが血統です。これらのうち、生命がなくてもできず、愛がなくても血統は創造されません。愛、生命、血統のうち、その実りが血統なのです。神様の血統の中には、真の愛の種が入っていて、真の生命の体が生きています。したがって、この血統と連結されれば、神様が理想とされた理想の人間、すなわち人格を完成することも可能であり、理想家庭も生まれ、さらには、神様の祖国である理想の国家も出現するのです。平和理想世界王国は、このように絶対「性」の関係を通して創建されるのです。（天一国経典『天聖経』第十三篇 第一章 第一節 6）

神の血統の拡大

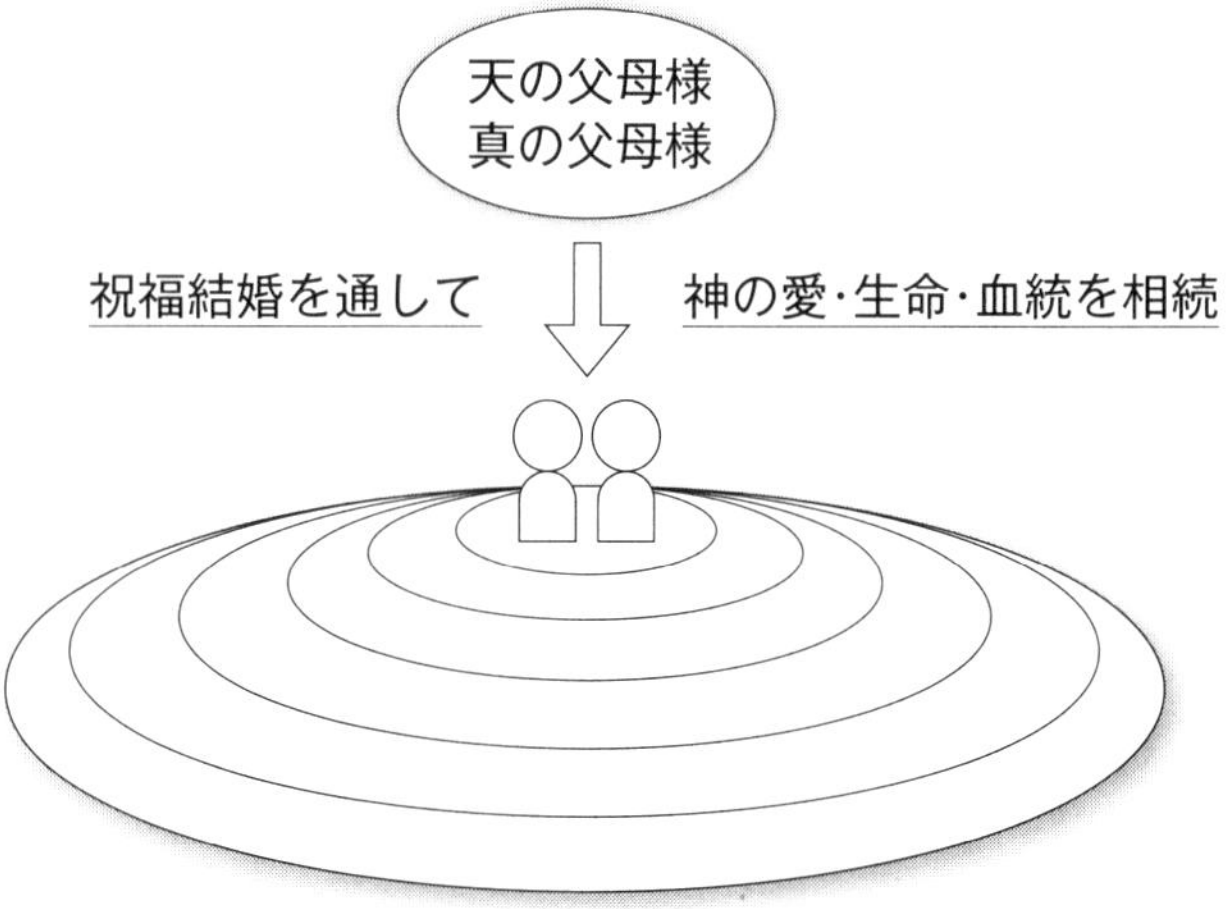

神の血統が広がることにより、
人類は一家族となり、平和世界を実現できる

真の父母様の平和理想は、ほかでもなく、神様の血統によって結ばれ、家族となった人類が、神様と真の父母様を中心としてこそ平和世界を実現できるというものです。その先頭に立つべきなのが、祝福結婚によって神様の血統をまず受け継いだ、祝福家庭です。それゆえに、神様王権即位式が行われた時も、私たち祝福家庭に対してあれほどまでに、「神の血統を守ること」を強調されたのです。

私たちが行く道は、決して平坦《へいたん》な道ではありません。しかし、私たちがどのような状況になったとしても、真の父母様は人類の親であり、私たちの父母であるがゆえに、必ず、道を開いてくださっています。そのような真の父母様に感謝するとともに、その背後で背負われた真の父母様と真の御家庭の犠牲に常に思いを馳《は》せながら、歩む必要があります。

　これからも、全人類が祝福を受けるまで、祝福結婚の恵みは世界的・天宙的次元で開かれるでしょう。人類の最後の一人まで、祝福結婚に導いて神様の血統へと生み変えるのが、真の父母様の願いです。だからこそ、私たちはもう一度、原点に立ち返り、真の父母様によってもたらされた祝福結婚と血統の価値を理解する必要があります。

　そのような観点から、本書では特に「血統」というテーマを中心として、「創造」、「堕落」、「復帰」の内容をまとめ、祝福結婚と神様の血統の価値について学べるようにしました。私たちが今置かれている状況と、私たちの歴史的使命を思いながら、読み進めていただければ幸いです。

序章のポイント

●イスラエル民族は、カナン定着後、世俗に染まり、信仰を失っていった。特に、血統を守れなかった結果、土着の信仰が家庭の中に入り込み、混乱をもたらした。私たちは、まだ復帰途上にある生活環境の中で、神様の血統を守りながら、真の父母様による祝福結婚の伝統を正しく相続していかなければならない。

●「神様の血統」を守るとは、広く捉えれば、神様の血統の価値を深く理解した上で、それを守るために、天の願いに従って生きること。狭義でいえば、祝福子女にとっては、結婚前まで純潔を守る（性的関係を持たない）とともに、祝福を受けて結婚すること。また、一世をはじめ、祝福結婚をした夫婦においては、与えられた夫婦の間においてのみ性的関係を持つこと。さらに、生まれてくる祝福子女を、再び祝福結婚まで導くこと。

●神様の血統を失う行為である再堕落は、本来、決して赦《ゆる》されることではない。しかし、真の父母様は人類の親であるがゆえに、救いの道を開いてくださった。その背後にある真の父母様と真の御家庭の犠牲を忘れてはならない。

●救援摂理の核心は、サタンの血統のもとに落ちてしまった人類を、真の父母による祝福を通して、神様の血統に戻すこと。平和世界は、そのように家族として結ばれた人類が、神様と真の父母様を中心として一つになってこそ、実現できる。

第一章

神様の創造理想と結婚

絶対なる神様が唯一、御自分だけでできないことは､対象を愛するということでした。愛するためには、必ずその対象となる存在が必要です。それゆえ、神様は御自分の愛の対象として人間をおつくりになり、人間が最高に幸せになる道を準備してくださいました。

本章では、神様がどのような願いを込めて人間を創造し、その人間がどのような原理によって成長するように定められたかを学びます。神様が人間に願われたのは、神様の似姿となり、神様の愛を顕現させることでした。そのための絶対条件が、まさに結婚であり、家庭の完成だったのです。このことから、結婚こそまさに、神様が人間に与えようとされていた「祝福」であったことが理解できるでしょう。

一、アダム・エバ、天使長の創造

神様は全知全能であり、絶対的存在であるにもかかわらず、なぜ被造世界を創造する必要があったのでしょうか。それは愛を得るためです。天宙を創造された神様であっても、神様御自身だけではつくり出せないものが愛です。愛は、対象がいなければ現れませんから、いかに全能の神といえども、自らの力だけではどうすることもできません。それゆえ、愛の対象として被造世界を創造されたのです。ですから、真の愛の前には神様も屈伏せざるを得ません。いわば、神様以上の存在が真の愛であるということもできるのです。

神様は被造世界を創造されるに当たって、完全投入されました。完全投入、すなわち一〇〇パーセント以上投入するときに、初めて自己以上に価値ある存在として、真の愛が現れるのです。このように神様は、一〇〇パーセント以上投入することによって人間を創造し、その人間を中心として、絶対的な愛の理想を実現しようとされたのです。

また、神様が人間を創造されたのは、彼らを神様の体とし、その中に直接臨在して、天宙を主管されるためでもありました。アダムとエバが完成すれば、その中に神様が常に臨在して、天宙から無限の刺激を受けながら、喜び、楽しもうとされたのです。

神様は、なぜアダムとエバを必要としたのでしょうか。二つの目的があります。一つは、愛の理想を成就することです。二つ目は、無形の神様が形状をもって現れるためです。そのため、無形の神様が有形の形状をまとって、有形世界と関係を結ぶことのできるその基礎、その核心がアダムとエバなのです。

ですから、アダムとエバが完成して霊界に行けば、アダムとエバは神様の体と同じであり、神様はアダムとエバの心と同じ位置にいて、見えないのです。霊的世界で完成した一人の人を、実体世界の体と心のような一つの結実として造ろうというのが、神様がアダムとエバを創造された目的です。（天一国経典『天聖経』第四篇 第一章 第一節 8）

神様はこのような理想を持って、人間を男性と女性に創造されました。なぜ、一人だけでなく、男女のペアとしてつくったかといえば、人間が神様と縦的な関係を結ぶだけでなく、横的にも神様の似姿として関係を結ぶことによって、天宙に愛の理想が広く展開していくようにされたからです。このような理由から、神様は男性であるアダムと女性であるエバを創造し、その二人が一つになることによって、完全なる神様の似姿となるようにされたのです。

神様の創造の理由

人間創造の理由	• 愛の理想を成就するため —愛は対象がいなければ現れない —創造に当たって完全投入された • 人間を神様の体として、天宙を主管するため —実体世界と関係を結び、無限の刺激と喜びを得る
人間を男女ペアで創造した理由	• 横的関係を通して愛の理想を広く展開 • 夫婦として一つになることで、神様の完全な似姿に
天使長ルーシェル	• 神様に喜びと栄光をお返しする天使の中心的存在 • アダムとエバの成長を見守り、保護する役割

神様が愛を訪ねていく対象を造ろうとするとき、誰に似るように造ったのでしょうか。神様に似るように造ったのです。神様に似るように造るなら、神様の中にある男性の性稟《せいひん》がなければならず、女性の性稟がなければなりません。そのため、二性性相の論理が出てきます。神様に似るように造るのですが、神様が自分の本性相と本形状からすべて抜き出して、見えない性相と見えない形状を実体として展開させたのが人間です。（天一国経典『天聖経』第四篇 第一章 第四節 1）

また、この人間の創造に先立って、神様が最初につくられたのが天使です。天使は創造が進んでいく段階ごとに、賛美、感謝、協助を通して、神様に喜びと栄光をお返しする役割を担っていました。その中で中心的な立場にいたのが、天使長ルーシェルです。

天使長ルーシェルは、アダムとエバが成長し、完成していくのを見守る立場にいました。彼らの誕生前から侍《はべ》り、誕生後、彼らが結婚するまでの間、保護し、育成する役割を与えられていたのです。神様はこのように、人間が天使長の協助を受けながら、完成するように創造されたのです。

二、アダム・エバの成長期間

(一) 男性と女性の存在理由

男性と女性は、それぞれ相手のために存在するように、相対的関係をもって創造されました。男性が生まれたのは、男性のためではありません。また、女性が生まれたのも、女性のためではありません。男性は女性に出会うために生まれ、女性は男性に出会うために生まれたのです。それが最高の真理です。

男性と女性を比較してみると、様々な面において互いに反対になっており、相対的につり合っています。例えば、男性の声は低く、女性の声は高くなっています。また、骨格を見ても、女性は腰の骨が大きくて肩幅が狭いのに対し、男性はその逆になっています。性格においても、全体的な傾向として、男性は冒険や挑戦を好む一方、女性は調和や平和を求めるといえます。それは、無意味にそうなっているわけではなく、お互いに補い合うために、相対的につくられているのです。

ですから、一人の男性がいくら美男子で筋骨たくましく、地位や財産、権力があるといっても、女性がいなければ、存在する意味がありません。逆も然《しか》りです。そのような関係性を無視して、自分の容姿や能力、知識などに酔って生きるのは、この上なく虚《むな》しいことです。

人が存在するためには、自分の体から、まず授受の過程を経なければなりません。男性と女性も、相対的要件を備えて、お互いに授受してこそ存在できるのです。もし、男性が「女性は必要ない」と言い、女性が「男性は必要ない」と言うなら、百年もたたないうちに、世界はすべて滅んでしまうでしょう。人が存在するためには、つまり授受するためには、相対を必要とするので、今まで男性と女性は、お互いに愛し合って家庭をつくってきたのです。（天一国経典『天聖経』第三篇 第一章 第四節 3）

男性が男性としての目的を果たすためには、女性が共にいなければならないし、女性もまた女性としての目的を果たすためには、男性を必要とするのです。

(二) アダム・エバの愛の成長

神様はアダムとエバの創造に当たって完全投入をされたため、アダムとエバは成長とともにその心が神様の方向に向かい、神様との間に縦的心情関係が結ばれていくようになっていました。あたかも、親が子供にすべてを投入すれば、成長とともに子供の心が親に向かうのと同じです。アダムとエバは、自分たちに対する神様の愛を感じる中で、まず子女の愛を育んでいくのです。

さらにアダムとエバは、同じ神様から創造された者として、成長とともに兄と妹として、兄弟姉妹の愛を育むようになっていました。アダムはエバを妹として慈しみ、エバはアダムを兄として尊敬し慕いながら、二人の間に兄弟姉妹としての伝統を立て、愛を成熟させていくようになっていたのです。このように、アダムとエバはまず個人として、子女の愛、兄弟姉妹の愛を十分に育んでいく必要がありました。それが、その後の段階の愛、すなわち夫婦の愛、父母の愛の基礎となるのです。

縦的な観点から愛を見るとアダムとエバは、自ら子女の愛、兄弟姉妹の愛、夫婦の愛、父母の愛の四大愛を啓発し、体恤《たいじゅつ》することによって、神様と直接、関係を結んで生きるようになっていました。

したがって、アダムとエバは、本来、神様の真の愛を中心として、四大心情圏である完成した子女、完成した兄弟姉妹、愛する夫婦、そして完成した父母の心情圏を経なければならなかったのです。（天一国経典『平和経』第六篇８）

一方で、人間は神様との縦的心情関係を土台としながら、自然界を教科書にして様々な知識を身につけ、真理を悟っていくようにも創造されました。リンゴが落ちるのを見て引力を発見し、鳥が飛ぶのを見習いながら飛行機を発明したように、自然界は私たちに必要なすべての知識を提供してくれます。注意深く自然を観察すれば、そこに神様をも見いだすことができるのです。

このような意味で、自然は人間が成長していく過程において、最高の教師だといえます。その中でも、自然界が私たちに提供してくれる最高の役割は、愛の教材としての役割です。きれいな花を見れば、花を大切にし、保護してあげたいという愛の心が育まれます。かわいい動物を見れば、愛の刺激を受け、やはりかわいがって、何かを与えたいという心やいたわりの気持ちが啓発されます。動物の親子の世界には、高度な犠牲的愛の境地も見いだすことができます。ひな鳥に危険が迫れば、親鳥は自らの命をなげうってでも子を守ろうとしますし、鮭《さけ》は自らの体を傷だらけにしながらも川を上り、産卵をして死んでいきます。

さらには、自然界がすべてプラスとマイナスでつくられていること、それらが互いにために生き合い、一つになることによって存続していることを知るようになるのです。

昆虫世界を見ても、動物世界を見ても、すべてペアです。彼らが互いに与え合い、相対のために生き、相対を呼び求めながら、相対を愛しながら生きる環境を目にするので、物心のついていないアダムとエバであっても、知能が発達するに従って、世の中の道理を次第に悟っていくというのです。それによって、成熟すれば成熟するほど、知覚が愛に接近していくのです。そうして愛を知るときには、すべてのことに通じます。（天一国経典『天聖経』第六篇 第一章 第一節 9）

自然からペア・システムを学ぶ

このように、自然界がすべてペアシステムでつくられていることを発見する中で、アダムとエバは自然に、次の段階の愛について学んでいくのです。

三、アダム・エバの結婚と愛の完成

アダムとエバが個性完成し、子女の愛、兄弟姉妹の愛が十分に成熟する段階を迎えると、やがてお互いを、異性として意識するようになります。それまで兄と妹という関係であったのが、思春期を迎えると、お互いを将来の夫として、妻として、認識し始めるのです。誰が教えなくても、神様が彼らの心に働きかけ、アダムとエバを夫婦として結んでくださるようになっていたのです。

このように、アダムとエバは個性を完成した後に初めて、異性として愛し合うようになっていました。思春期を迎え、異性に正しく対することのできる資格を備えて、天地と調和していく責任を担える時になって初めて、男女の愛の関係が始まるのです。

男性を完成させ、女性を完成させるときには、主体と対象の関係を結ぶための愛の力が存在します。愛の力は、男性が完成し、女性が完成して思春期時代を過ごして生じます。愛の力は、男性よりも強く、女性よりも強いので、統一させることができるのです。

ですから、男性も女性も、互いに夫婦にならなければならないのです。愛の道においては、自分の生命までも捨てます。それは生命よりも強いのです。男性や女性が成熟すれば、思春期の時

代に必ず立体的な力によって、相対を慕わしく思うのです。（天一国経典『天聖経』第五篇 第二章 第一節 4）

ここにおいて、たとえアダムとエバが、お互いにとっていかに素晴らしい愛の対象であったとしても、個人において十分に愛が成熟していなければ、その関係は不完全なものとならざるを得ません。個人の愛が十分に成熟した上で、理想的な愛の対象を持つとき、そこに理想的な愛が現れてくるのです。これがアダムとエバにおける、本来の結婚でした。この結婚によって、アダムとエバは本然の基準における夫婦の愛を味わうようになるのです。

また、本来、アダムが一人だけでいても、エバが一人だけでいても、神様の完全な愛の対象になることはできません。アダムとエバが神様を中心として真の愛で一体化したとき、すなわち理想的夫婦となったときに初めて、神様の完全な愛の対象の位置に立つことができるのです。

アダムとエバが夫婦として一つになり、完成するとき、神様は初めて完全な愛の対象を持つようになります。そして、御自身の愛を体験されると同時に、被造世界にも神様の愛が顕現するのです。これが神様の愛の完成です。いかに神様が愛の主体であり、愛に満ちあふれている方であるといっても、愛する対象がなければ、神様の愛は現れる術《すべ》がないのです。

夫婦の愛の完成

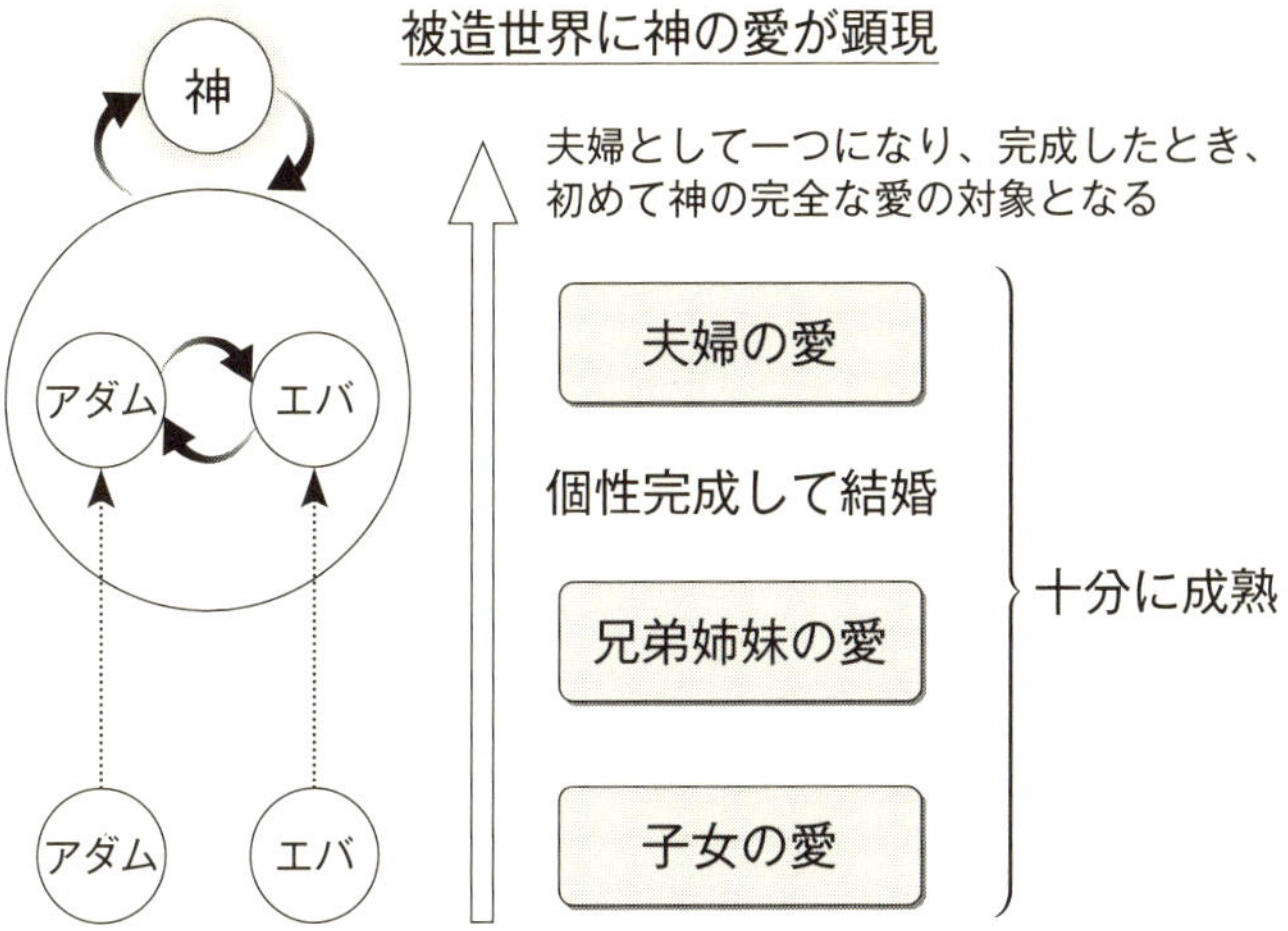

男性は神様のプラスの性稟《せいひん》を、女性は神様のマイナスの性稟を身代わりした実体対象です。創造理念は、両性の中和体としていらっしゃる神様の性相を二性に分立したのちに、再び神様の本性相に似た姿に合性一体化します。一人の男性と一人の女性は、各々神様の一性に似て現れました。したがって、これらの一男一女の結合は、神様のプラスの性稟とマイナスの性稟が一つとなることです。すなわち、神様に似た中和体となるのです。

ですから、二人、すなわち夫婦は、神様の全体を表象する結合体です。男性は神様のプラスの性稟を身代わりすることによって真の父の分身となり、女性は神様のマイナスの性稟を身代わりすることによって真の母の分身になります。

彼らは各々、神様の代身者でもあるのです。（天一国経典『天聖経』第一篇 第二章 第三節 1）

完成とは、結婚のことをいうのであり、結婚とは神様の愛の顕現をいうのです。結婚がなければ、人類世界に愛が始まりません。その愛の主人は、人間ではなく神様です。その神様の愛が人間の中に現れるようになるとき、真の愛になります。また、人間の中にその天的な真の愛が形成されるようになるとき、それが神様の誇りとなり、喜びとなるのです。神様の愛として感じることができるのです。（天一国経典『天聖経』第五篇 第二章 第二節 19）

このように、本来、アダムとエバの結婚を通して神様の愛が顕現し、真の愛が完成するようになっていました。神様の最高傑作としてつくられたアダムとエバが、神様を中心として愛し合うならば、それは最高に美しい愛、代表的な愛、永遠に輝くことのできる愛となるのです。それが、本来の夫婦愛なのです。

四、本然の家庭と創造理想の完成

このようにして縦的父母である神様と一つになったアダムとエバを、「真の父母」と呼びます。彼らは人類最初の夫婦として、全人類に神様の愛と生命と血統を相続させていく横的父母の立場に立つようになるのです。

神様は縦的な真の愛の父母であり、成熟したアダムとエバは横的な真の愛の父母です。横的な父母だというのです。縦的父母と横的父母を何で一つにするのでしょうか。九〇度の角度の愛で爆発するのです。爆発してそこから息子、娘が生まれ、これが家庭、氏族、民族、国家、世界に広がれば、天の人になるのです。（天一国経典『天聖経』第一篇 第二章 第三節 21）

このように、アダムとエバが結婚し、絶対的な愛によって一体化したならば、次は子女を生まなければなりません。いくら理想的な夫婦であっても、その愛と理想を地上に永続させるためには、子女が必要です。アダムとエバの夫婦愛、すなわち横的愛と、神様との縦的愛が一致して子女が誕生するとき、その子女はアダムとエバの子女であるとともに、神様の子女の位置に立つのです。

ここにおいて、神様から始まった愛が、アダムとエバ、そして子女という順序で、実体的に代を経て、流れるようになります。アダムとエバが夫婦二人でいる段階では、地上に神様の愛が現れているといっても、その二人にとどまっている状態です。彼らが子女を生むことによって初めて、神様の愛が生命という形で結実し、さらに代を経ながら、地上に広がるようになるのです。親子関係を通して流れるようになるこの愛と生命の回路が、血統なのです。

その後、神様のこの血統は、アダムとエバの子孫が増えていくにつれ、自動的に相続されていきます。そして、この血統を通して、神様の愛と生命が相続されていくようになるのです。神様の血統は、このように出発するのです。

神様とアダムが一つになり、エバと神様が一つになってアダムとエバが夫婦になれば、結局、内外の夫婦のような立場に立つようになり、そこで愛し合って子女を生むようになれば、神様の直接的な血統に連結されるのです。それを結ぶのが愛です。神様が天地万物を、この世界を創造したのは、神様御自身が愛を感じるためです。神様御自身が愛そうとして創造したのです。（天一国経典『天聖経』第一篇 第三章 第二節 14）

ところで、アダムとエバの場合は、成長段階において、父母の愛を無形の神様から感じるだけでした。しかし、その子女の場合はそれに加えて、実体の親としてアダムとエバがおり、生まれた時から愛の心情関係が結ばれています。すなわち、神様と一つになったアダムとエバの、絶対的な愛の圏内、平和な愛の垣根の中で育つようになるので、たとえ未完成期であっても、堕落することはあり得ないのです。そのような中で、アダムとエバの子女も血統を通して、神様の愛を自動的に相続するようになっているのです。
こうして、神様から出発した愛が、アダムとエバを通して子女に伝達され、神様、アダム・エバ（夫婦、父母）、子女が神様を中心とした愛の関係で結ばれてこそ、理想家庭が成立するのです。これが四位基台の完成です。神様の創造理想の完成とはすなわち、この家庭理想を完成することでした。四位基台として完成したこの家庭を基地として、神様の永遠の愛の理想が被造世界に展開されていくようになるのです。

神様の創造理想は、アダムとエバを中心とした四位基台を完成することです。四位基台の完成は、神様の創造の側面から見るとき、み旨の完成です。四位基台を完成しようとすれば、完成したアダムと完成したエバがいなければなりません。そのように完成した女性と男性が一つになり、完成した子女を繁殖したならば、創造理想の完成実体となり、人間完成圏が成し遂げられるのです。そうして、神様の創造理想が実現されるというのです。完成したアダムとエバ、子女が神様を中心として四位基台を造成し、神様の愛と連結されることによって、すべての創造理想が実現されるのです。（天一国経典『天聖経』第十二篇 第三章 第五節 55）

創造理想世界の完成

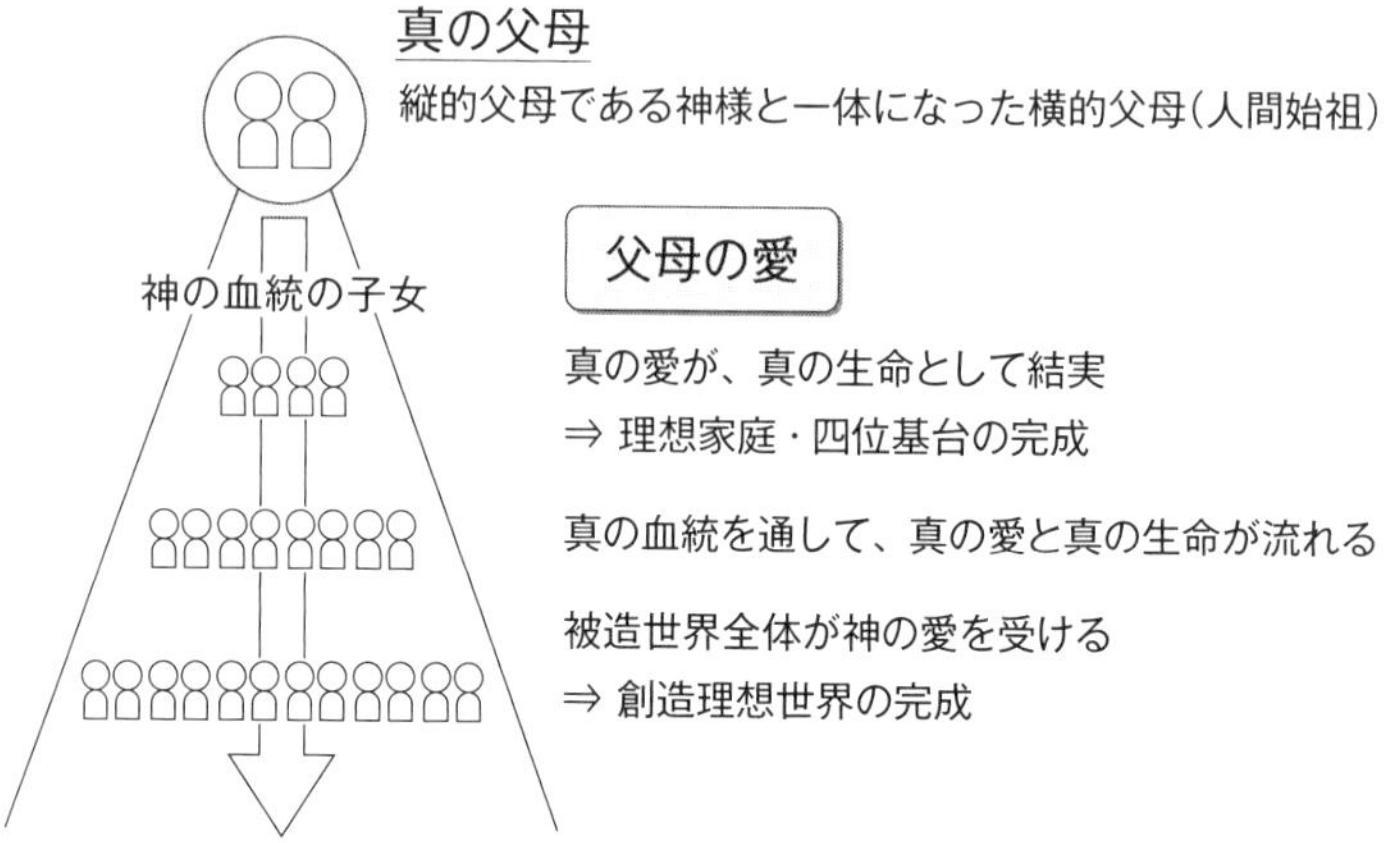

また、無形なる神様が有形なる被造世界を愛するためには、神様御自身も有形の体を持つ必要があります。その体として創造されたのが人間ですから、完成したアダムとエバの実体をまとって、神様は被造世界を愛していくことになります。逆にいえば、すべての被造物は、アダムとエバを通して、神様と愛の関係を結ぶことになるのです。

アダムとエバを中心として霊肉両面の世界を、すなわち無形実体世界と有形実体世界を主管することが神様の人間創造の目的です。

したがって、一つの人格的な神様として現れることを示すために、神様はアダムとエバという実体と関係を結ばなければなりません。アダムとエバの完成とともに神様の形状完成、すなわち形が完成するのです。神様はアダムとエバを造られる時、その形態、人相、人格などが、無形世界の中心にいる神様のような姿にならなければならないという考えをもっていらっしゃいました。形がなければ形の世界を主管することはできないのです。（天一国経典『天聖経』第一篇第三章第二節11）

神様によって創造されたすべての被造物が、アダムとエバを通して、神様と絶対的愛の関係を結ぶようになるとき、それがすなわち、神様の創造理想世界の完成となります。絶対的な愛を中心として、神様も、人間も、天使も、万物もみな、完全に一体化するのです。

ここにおいて、愛を完成した家庭なくして、神様の創造理想が成就できないことは言うまでもありません。そして、家庭理想は正しい結婚なくしては不可能ですから、アダムとエバの結婚と、神様の創造理想の完成は、一体不可分の関係にあるといえるのです。

五、本然の男女の愛と結婚の意義

以上のようなアダムとエバの立場から見るとき、本来、男女の愛はどのようにして生じ、結ばれていくものなのでしょうか。

人間にとって異性との出会いの出発点は、女性であれば父親であり、男性であれば母親です。ここにおいては、異性としての感覚を完全に超えています。女性はまず、理想的な父の愛を受け、真の娘として育ちながら、父を愛し、尊敬していきます。男性も、理想的な母の愛を受け、真の息子として育ちながら、母を愛し、尊敬していくのです。

その次の段階として、女性であれば、理想的な兄の愛を受けた妹として、もしくは弟の愛を受けた姉として、兄弟を慕い、愛していくようになります。一方、男性であれば、理想的な姉の愛を受けた弟として、もしくは妹の愛を受けた兄として、姉妹を愛していくようになるのです。

ですから、同年代の異性に対するときは、相手をこのような兄弟の延長体として、また姉妹の延長体として捉える必要があります。そして、まずは自分の最も尊敬する兄弟、あるいは最も尊敬する姉妹であるという関係をつくらなければならないのです。

アダムの家庭を見ると、アダムとエバは共に同じ神様の息子と娘ですが、エバはアダムの妹の立場で出発しました。アダムはエバの兄の立場でした。しかし、彼らは成長して夫婦になったのです。同じように、夫婦間の関係は一つの血を分けた兄弟姉妹の次元で始まらなければならないのです。

（天一国経典『平和経』第十篇７）

それゆえ、独身時代は異性に対して、兄弟姉妹を超えた感情、感覚を持ってはならないのです。最初から異性として愛し、愛されるのではなく、兄弟姉妹としての愛を育んだ上で、配偶者として決められた相手と、それ以上の愛を発展させていくのです。それが本来の男女の愛であり、夫婦愛です。

したがって、一般的に考えるように、男女の愛は子女の愛、兄弟姉妹の愛と全く切り離されたものではなく、むしろそれを土台として築かれるものです。父母に対する子女の愛、兄弟姉妹に対する愛をしっかりと成長させた上で、さらに次元の高い異性の愛、男女の愛へと発展させていくようになっているのです。

このような男女の愛に転換されていく時が、二十歳を前後した思春期です。思春期は、一生に二度とない愛の花が咲く時期であり、天地の調和の中で男女の美しさが最もよく現れる時期です。まさに人間が、神様の傑作品としてきらめく絶頂の期間なのです。この期間は最高に感情が誘発されるため、すべてのものに接して縁を結ぶことができます。人間として最高の時期であり、一生で一番貴いこの青春時代に、本来、相対を探していくようになっているのです。神様は、男女が華やかな青春を送る時期に、幸福の宮殿への門として、結婚という祝福を与えようとされたのです。

ところで、愛は一人ではなすことができません。必ず相対的基盤を通してなされるものです。それゆえ、愛は自分から出てくるのではなく、対象から出てくるのです。相対が愛の主人なのですから、相対のために尽くさなければなりません。相対のために一〇〇パーセント以上投入するときに真の愛が出発するということを考えれば、相対のために尽くす程度に比例して、愛の次元が高くなるといえます。

このような観点で、男女が結婚して夫婦となり、神様を中心とした真の愛で愛し合うようになるとき、神様の願われる夫婦愛を完成することができるのです。

夫婦の心情圏とは、夫婦が生活を通してお互いを愛の主人の位置に立ててくれたことを感謝しながら、真の愛を与えたり受けたりする中で体恤《たいじゅつ》する真の血統的心情関係を意味します。夫は、自分の命を犠牲にしてでも妻のために生き、妻は、夫に対して神様に侍《はべ》る心情で侍って暮らすときに、夫婦は共に真の愛を体恤するようになるのです。この真の愛の体恤の上で、初めて夫婦の完成も可能になるのです。（天一国経典『平和経』第一篇15）

それでは、この夫婦愛の終着点はどこでしょうか。究極的に一体化できるのは、愛の器官、すなわち生殖器官によってです。肉体の細胞の一つひとつを一体化させ、さらには霊人体まで一〇〇パーセント、一つにさせ得るものが愛の器官です。この愛の器官こそが、夫婦が愛を中心として霊肉共に完全に共鳴し、一体化するための通路となるのです。

人間には様々な器官があり、どれ一つとして重要でないものはありませんが、その中でも最も重要な器官が、生殖器官です。なぜなら、他の器官は個体を維持、成長させるために必要なものですが、生殖器官は夫婦を霊肉共に一体化させるということに加えて、次代の生命を創造する器官、自分の血統を次代に継承させる器官でもあるからです。まさに、神様の創造目的実現に不可欠な器官であり、神様が創造されたものの中で、最も神聖なものだといえます。それゆえ、これを汚したり、誤用、乱用したりすることは、神様の創造理想を破壊する行為となるのです。

人間は、男性も女性も独りでは片方の人間にすぎません。神様の創造がそのようになっています。それで神様は、愛の器官である生殖器の主人を、お互いに取り替えておいたのです。妻の生殖器の主人は夫であり、夫の生殖器の主人は妻だというのです。したがって、お互いにために生きる真の愛を中心として一つになってこそ、相対の主人の位置に立つことができるのです。言い換えれば、人間は、誰彼を問わず、結婚を通して主人の位置を確保するときに、片方の人間ではない、完全な人間になるのです。（天一国経典『天聖経』第十三篇 第二章 第一節 16）

人間の生殖器は、限りなく神聖な所です。生命の種を植える生命の王宮であり、愛の花を咲かせる愛の王宮であり、血統の実を結ぶ血統の王宮です。この絶対生殖器を中心として、絶対血統、絶対愛、絶対生命が創出されます。絶対和合、絶対統一、絶対解放、絶対安息が展開するのです。（天一国経典『天聖経』第十三篇 第二章 第一節 17）

愛で完全に一つになった夫婦は、霊界では夫の中に妻が、あるいは妻の中に夫が完全に入ってしまいます。さらには、神様の完全な対象となって、神様と一つになるのです。それくらい一つになり得るのが、夫婦です。

霊界に行って、ある女性の中をのぞいてみると、笑っている顔の男性がいます。それで、「男性の顔が見えますが、それは誰ですか」と尋ねれば、「夫です」と言うのです。一つになっているので、二つに分けられません。死んでも、永遠に共に生きていくのです。そのように愛し合った男性は、女性の胸の中で一つになっています。また男性の中には愛する妻がいます。それが幸福です。結局、これは神様に帰るということです。

二性性相の実体圏は、真の愛によって神様の相対として立ち、神様のところに帰るのです。正分合です。一つだった性相と形状が分かれたあと、実体としてまた出会う、それが男性と女性の

本然の夫婦の愛

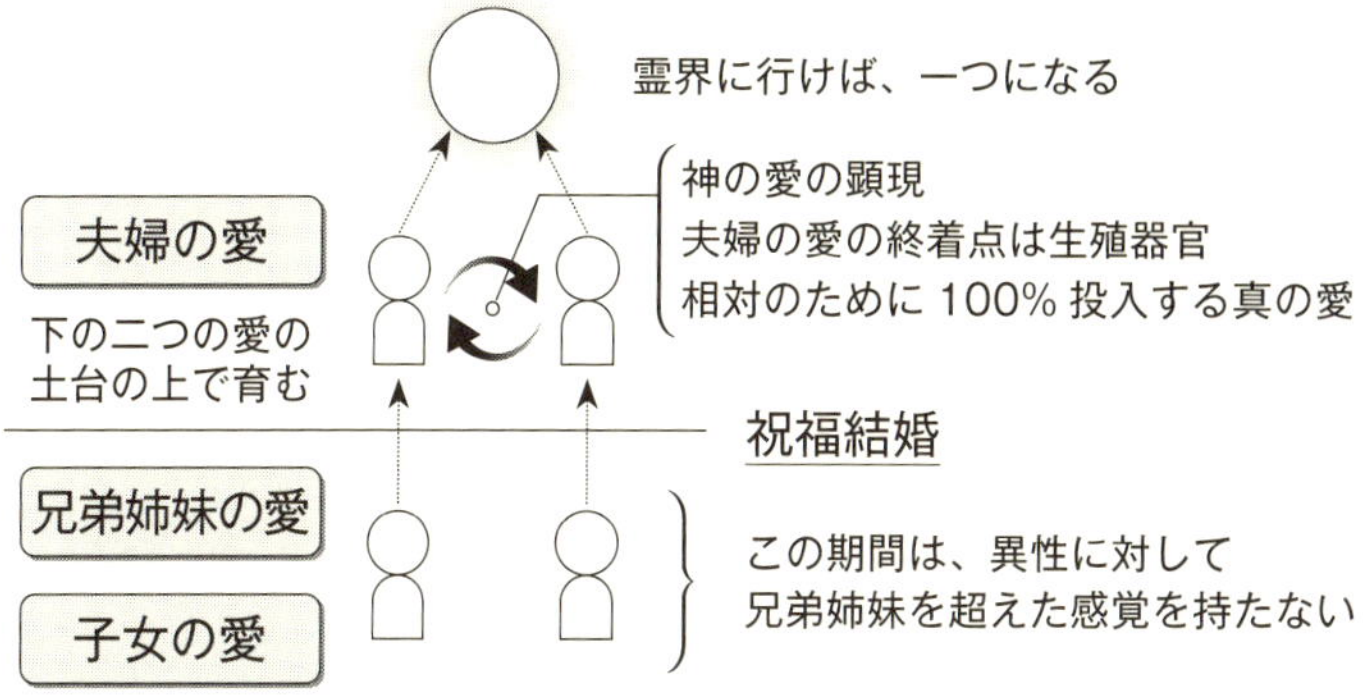

祝福です。ここに神様も来て一つになり、男性と女性も一つになって、ここですべて統一されるのです。（天一国経典『天聖経』第五篇 第二章 第二節 17）

このような愛の境地を可能にするのが結婚です。ですから、結婚はまさに愛の完成を意味します。親に対する子女の愛や、兄弟姉妹の愛は、まだ成長途上の愛です。その愛が、より成熟した愛として結実するのが夫婦愛なのです。

子女の愛、兄弟姉妹の愛を正しく築いた上で、結婚をして夫婦となることによって、夫婦の愛に神様の愛が現れます。ですから結婚は、男女がより高い次元の神様の愛の圏内にジャンプするためにあるということができるのです。

この結婚によってのみ、神様の愛を相続することができます。同時に、神様の創造権と主管権が賦与され、宇宙の価値と対等の作用圏をつくるようになるのです。このように、神様の全権を相続するのが結婚ですから、まさしく結婚は、神様からの最高の祝福であるといえるのです。

第一章のポイント

● 神様は愛の理想を成就するため、そして、実体世界と関係を結んで主管するために、人間を創造された。また、神様に賛美を捧げる天使の中心的存在としてルーシェルを創造し、人間始祖アダムとエバの成長を見守るようにされた。

● 人間は、横的関係を通して愛の理想を広く展開できるように、男女のペアとして創造された。男性と女性は、お互いに相手のために存在しており、夫婦として一つになることで、神様の完全な似姿になる。

● アダムとエバは成長しながら、子女の愛、兄弟姉妹の愛を育み、やがてそれらの愛を基礎として、夫婦の愛を育むようになっていた。アダムとエバが神様の公認を受けて結婚するとき、神様の愛が地上に顕現するようになっていた。

● 縦的父母である神様と一つになったアダムとエバ（人間始祖）を、真の父母と呼ぶ。彼らは全人類に神様の愛と生命と血統を相続させていく、横的父母の立場に立つ。そのアダムとエバが子女を生むことで、神様の愛が生命として結実し、代を経ながら、地上に広がるようになる。この愛と生命の回路が、血統である。こうして、被造世界全体が神様の愛と主管を受けるようになり、創造理想が成就されるようになっていた。

●夫婦の愛がたどり着く終着点が、愛の器官、生殖器である。これは神様が創造されたものの中で、最も神聖なものであるため、誤用、乱用することは許されない。

第二章

堕落による創造理想の喪失

神様が人間に対して願われた理想が大きかった分、それが成し遂げられず、全く逆の形で歴史が綴《つづ》られてきたことは、神様にとってこれ以上ない、心情的苦しみでした。そして、それは人間や万物にとっても、やはり悲劇だったといえます。

本章では、どのような形で堕落が起こったかということから、その堕落によってどのような状況がもたらされたかについて学びます。また、堕落について、愛の原型が変形したという観点からも説明します。その上で、この状況を元に戻すためには、改めて人間始祖として、真の父母が立たなければならないことについて解説します。

一、アダムとエバの堕落

神様は、前章で述べたような創造理想をもって人間を創造し、結婚という祝福を与えようとされました。しかしながら、アダムとエバはその願いに背き、堕落してしまったのです。堕落とは、結婚に失敗したこととも表現することができます。

神様はアダムとエバを中心として、御自身の愛の理想を実現しようと計画されましたが、その人間の創造に先立ち、まず天使を創造されました。そして、その中でルーシェルという天使を、長の一人として立てたのです。ルーシェルは神様の創造を協助しながら、アダムとエバを導き、彼らが成長して結婚するまで仕えるべき立場にありました。そのような役割を果たせるようにするために、神様はルーシェルを最初に愛されたのです。

そうして、アダムとエバが結婚して夫婦の愛を完成し、神様の愛と一致するようになれば、今度は神様に代わってアダムとエバが、ルーシェルを神様の愛で主管するようになっていました。そうすれば、ルーシェルはアダムとエバから神様の愛を一〇〇パーセント受けることが可能となっていました。それが天使長ルーシェルにとって、最高の喜びを得る道であったのです。

ところがルーシェルは、神様の創造理想が人間を通して成就するようになっており、被造世界における愛の中心の地位がアダムに約束されていることを知ると、アダムに代わって自分自身が中心となり、愛の理想を実現したいと願うようになりました。

しかし、いくらルーシェルがそのように願ったとしても、天使に愛の理想を成就する道はありません。それが天使の創造された位置だからです。ルーシェルは天使としての自分の位置を自覚して、死守していかなければならなかったのです。

それにもかかわらず、ルーシェルはアダムに代わって愛の中心位置を占めたいと願い、アダムの相対として創造されたエバを誘惑して、夫婦の愛の関係を結んでしまいました。さらに、ルーシェルと愛の関係を結んだエバは、その愛をもってアダムと一つになろうと考え、彼を誘惑したのです。このようにして、アダムは神様の愛を中心とせず、エバが天使長と結んだ偽りの愛を中心として、エバと夫婦の愛の関係を結ぶことになったのです。

堕落は、どこから始まったのでしょうか。男性と女性の間で堕落したというのは、どういうことでしょうか。聖書の文字どおり、善悪の実を取って食べたのが堕落でしょうか。果物を取って食べたのが原罪になることはあり得ません。異性間で堕落し得るのは、誤った愛しかありません。人間始祖が果物を取って食べた罪によって、その子孫が千代、万代、罪人になり得るでしょうか。

それは血統的に罪の根を植えたので、遺伝の法則によって永遠に持続するのです。不倫の淫行関係によってエバは天使長と一つになり、天使長と一つになったエバが再びアダムと一つになることによって、アダムとエバは神様を中心とせず、天使長を中心とした夫婦関係を結んで家庭を築くようになったので、アダムとエバの子孫であるすべての人間は、結局サタンの血統を受け継ぐようになったのです。（天一国経典『天聖経』第四篇 第二章 第二節 2）

こうして、アダムとエバ、そして天使長ルーシェルは、本来あり得ない関係をつくり出してしまいました。この関係における愛は、本然の夫婦の愛とは似ても似つかない、非原理的愛であることはいうまでもありません。堕落はこのように、非原理的な愛の関係を結んだことによって起こったのです。非原理的であることの理由は、次のとおりです。

第一に、エバが最初に夫婦の関係を結んだ相手が、天使長であったということです。人間と天使は、そもそも相対関係ではありません。それにもかかわらず、エバはルーシェルと夫婦の愛の関係を結んでしまいました。

第二に、エバの堕落後、アダムとエバが未成熟な段階で、夫婦の愛の関係を結んだということです。本来、アダムとエバは愛が十分に成熟した後、自然に兄弟姉妹の愛から男女の愛、すなわち夫婦の愛に転換されていくようになっていたのですが、愛がまだ成熟していない段

堕落の経路と意味

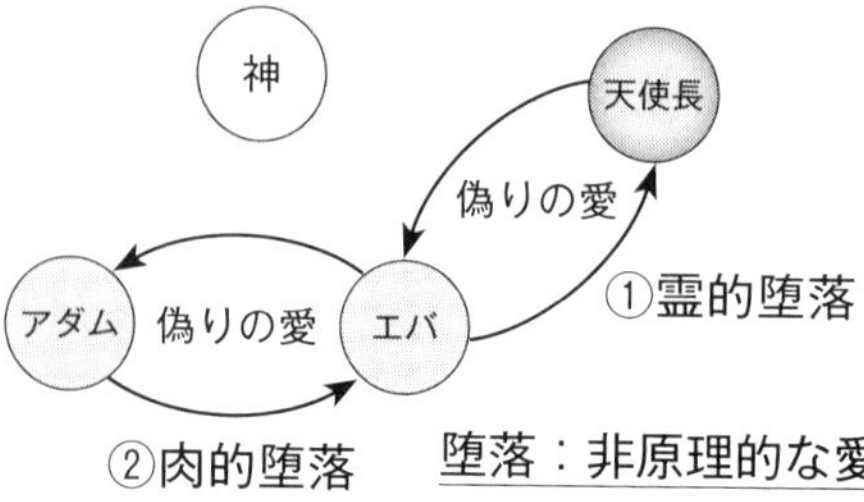

堕落：非原理的な愛の関係を結んだこと

1．人間と天使は相対関係ではないのに、
夫婦の愛の関係を結んだ

2．アダムとエバが未成熟段階で愛の関係を結んだ

3．アダムとエバが神様と関係ない立場で、
自己中心的な動機をもって愛の関係を結んだ

4．エバが複数の方向で愛の関係を結んだ

階で、彼らは夫婦の関係を結んでしまいました。

　第三に、アダムとエバが、神様と関係なく、自己中心的な動機で夫婦の愛の関係を結んだということです。本来、結婚は神様を中心として、神様に報告した上でするものでしたが、アダムもエバも、それぞれ誘惑に流されるまま、神様に尋ねることなく、夫婦の関係を持ってしまいました。

　第四に、複数の方向で、夫婦の愛の関係を結んだということです。本来、男女の愛は、一対一の関係において結ぶべきものです。その方向は一つであって、二つではありません。しかしエバは、ルーシェルとアダムという二人の夫を持ち、二つの愛の方向性を持ってしまいました。このようにして、一対一の愛の関係に第三者が侵入する立場に立ったため、男女の愛が破壊されてしまいました。
以上の点において、堕落をもたらした愛の関係は、非原理的なものといえるのです。

二、堕落の結果

アダムは、堕落したエバと関係を結ぶことによって、神様の息子という位置を失い、天使長ルーシェルとエバの偽りの愛に主管された、悪の息子として生まれた立場に立ちました。そのアダムが、エバと共に悪の父母、偽りの父母となって、全人類を堕落したルーシェルの子女、すなわちサタンの血統の子女として生み出すようになったのです。サタンが神様に代わって、人間の親の立場に入り込んだのが堕落です。
堕落の結果、人間は非原理的な位置に立つことにより、神様との縦的心情関係が断絶してしまいました。神様が堕落行為に干渉されなかったということは、神様がそのままでは相対できない位置に、人間が立ったことを意味しています。

本然的真の父母の位置にいらっしゃるべき神様が、父母の位置を奪われてしまったのですから、どれほど悲痛でいらっしゃったでしょうか。偽りの父母である怨讐《おんしゅう》サタンの血統を譲り受け、真の

父母が分からない堕落した子女を見つめなければならない神様の心情は、どれほど痛むでしょうか。人間の悲惨な姿を、その瞬間ごとに見つめる神様の心情、父母の心情はいかばかりでしょうか。（天一国経典『平和経』第十篇８）

一方で、堕落というのは、神様を中心として成熟すべきだった夫婦の愛が、未完成のまま、非原理的関係を通して結実してしまったことも意味します。サタンを中心とした非原理的な夫婦の愛が、人間社会においてスタートしたのです。本来ならば、神様が最も願われる夫婦の愛を、サタンが奪ってしまったのです。

夫婦の愛の本来の基準は、身も心も希望と喜びに満ちあふれる中で愛し合うことです。しかし、エバは堕落する際、心から喜びながらルーシェルを愛したのではなく、良心の呵責《かしゃく》を受け、不安と恐れを抱く中で愛したのです。アダムとエバも同じです。細胞が朽ち果て、心情が朽ち果てる立場で、顔をしかめながら愛し合ったというのです。夫婦の愛は本来、最高の愛です。神様の二性性相の実体として創造された男女が一つになることで、神様の完全な似姿、対象になるという価値から考えれば、彼らが結んだ希望も喜びもない愛の関係は、本来の夫婦の愛ではあり得ないことが分かります。

愛の根拠地は自分ではなく、相対にあるので、その愛を見いだすためには、相手のために犠牲にならなければなりません。しかし、ルーシェルは自己中心的な欲望に従ってエバを誘惑し、エバとアダムも、それぞれ自己中心的な欲望に従って関係を持ちました。自己中心的な欲望から出発して愛の関係を結んだのですから、そこにおいて本然の愛が生じるわけがありません。「愛は私から始まる」というのはサタンが利用してきた考え、言葉であり、本然の愛を破壊するサタンの戦略です。

今日、思春期を迎えた若者たちは、父も母も関係ない、兄弟姉妹も必要ない、自分の好きなとおりにやるのが一番だと主張して、親が知らない間に恋愛をし、堕落していきます。このような性の乱れは、堕落によって蒔《ま》かれた種が結実していることを意味しているのであり、本然の愛を破壊する現象です。神様を中心とした愛は永遠を基準としていますが、サタンは瞬間的なものを基準としています。刹那的な愛を探し求め、その愛が冷めると、また別の愛の刺激を求めていこうとするのです。自分から出発した愛は時の経過とともに崩れていくので、次々と新しい愛の対象を求め、転々とせざるを得ません。これこそまさに、サタンを中心とした愛なのです。

堕落の結果、神様の血統を出発することができず、サタンの血統が出発するようになりました。また、神様との血統的関係が切れてしまうことによって、神様の愛と生命も途切れてしまいました。本来なら、アダムとエバが神様を中心として愛し合い、子供が神様の生命と

堕落によってもたらされた世界

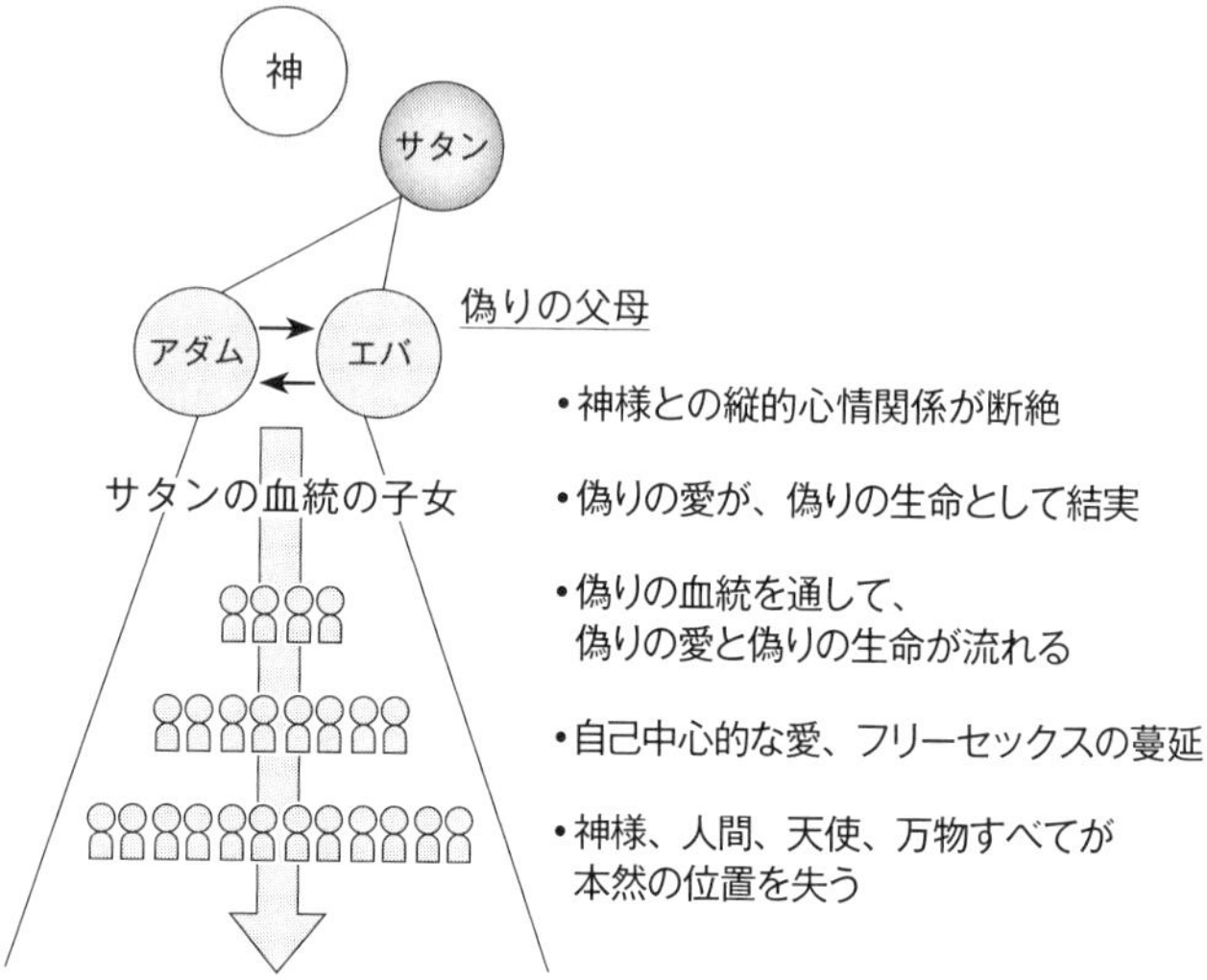

して誕生することで、そこから神様の血統が受け継がれるようになっていました。そうして、今度はその血統を通して、神様の愛が自動的に流れていくようになっていたのです。しかし、堕落によってその道が塞がれてしまったのです。

こうして人間は、神様の子女としての本然の位置を失ってしまいました。また、天使長も堕落してサタンとなることで、天使長としての本来の位置を失いました。万物も、主人である人間が堕落することによって、神様の愛を受ける道が閉ざされてしまいました。さらには、神様御自身も愛の対象である人間を失うことによって、その権能を現す道がなくなり、囹圄《れいご》の身、すなわち、心情的に牢屋《ろうや》に入れられたような立場に立たれたのです。

このように、神様、人間、天使、万物すべてが本然の位置を失ってしまったのが堕落でした。アダムとエバが結婚に失敗したことで、本然の愛を破壊し、家庭を破壊し、神様の創造理想を破壊してしまったのです。

三、愛の原型の変形

堕落によってもたらされた結果を少し違う観点で見ると、それは「愛の原型が変わってしまったこと」と表現することができます。神様は、愛の対象として人間を創造し、その人間と一つになって共に喜びを感じるために、持てる力をすべて振り絞って、この世界を創造されました。神様をそのように突き動かした動機が、まさに真の愛です。ですから、真の愛はこの世界において、最も貴いものです。人間は地上生活を送りながら、様々な価値あるものを追い求めますが、その中で最も本質的なものは、知識でもお金でも、名声でも権力でもなく、真の愛なのです。私たちがやがて霊界に行くときに持っていけるのは、真の愛だけです。霊界は時空を超越した世界であり、私たちはそこで、永遠に生きることになります。その無限の時間を意味あるものとして受け止め、味わうことができるのは、「永遠に一緒にいたい」

と思うことのできる、真の愛しかないのです。

自分よりも相手を貴重視し、相手のために自分を喜んで犠牲にしようという姿勢が、神様が本来願われていた愛のかたち、原型です。しかし、人間始祖の堕落により、その愛の原型が変形して、自己中心的な愛、サタンの愛となってしまったのです。

堕落の時、天使長ルーシェルがエバに向けた愛は、相手を高めるためのものではなく、自分の利益を中心としたものでした。ルーシェルは、神様の創造のみ業に協助しながら、人間が神様の子女として創造されたことを誰よりも知っていましたから、自分とエバが結ばれることが、エバにとってどのような悲劇をもたらすか、分かっていたはずです。それにもかかわらず、ルーシェルは自分の愛の減少感を埋めるため、エバを誘惑したのです。

一方、エバも、ルーシェルと関係を結んだ後、自分の不安を解消したい、自分が救われたいという気持ちから、アダムに近づき、誘惑しました。その時、自分が誘惑することで、アダムがどうなるかを、エバは考えたのでしょうか。突き詰めれば、それもやはり、自らのために相手を犠牲にしようとする愛のかたちでした。このようにして、霊的堕落、肉的堕落共に、相手を高め、相手のために生きようとする愛ではなく、自分のために相手を利用しようとする愛によって起こったのです。

こうして、神様がもともと願われていた「ために生きる」愛の原型が、反対に自己中心

愛の原型

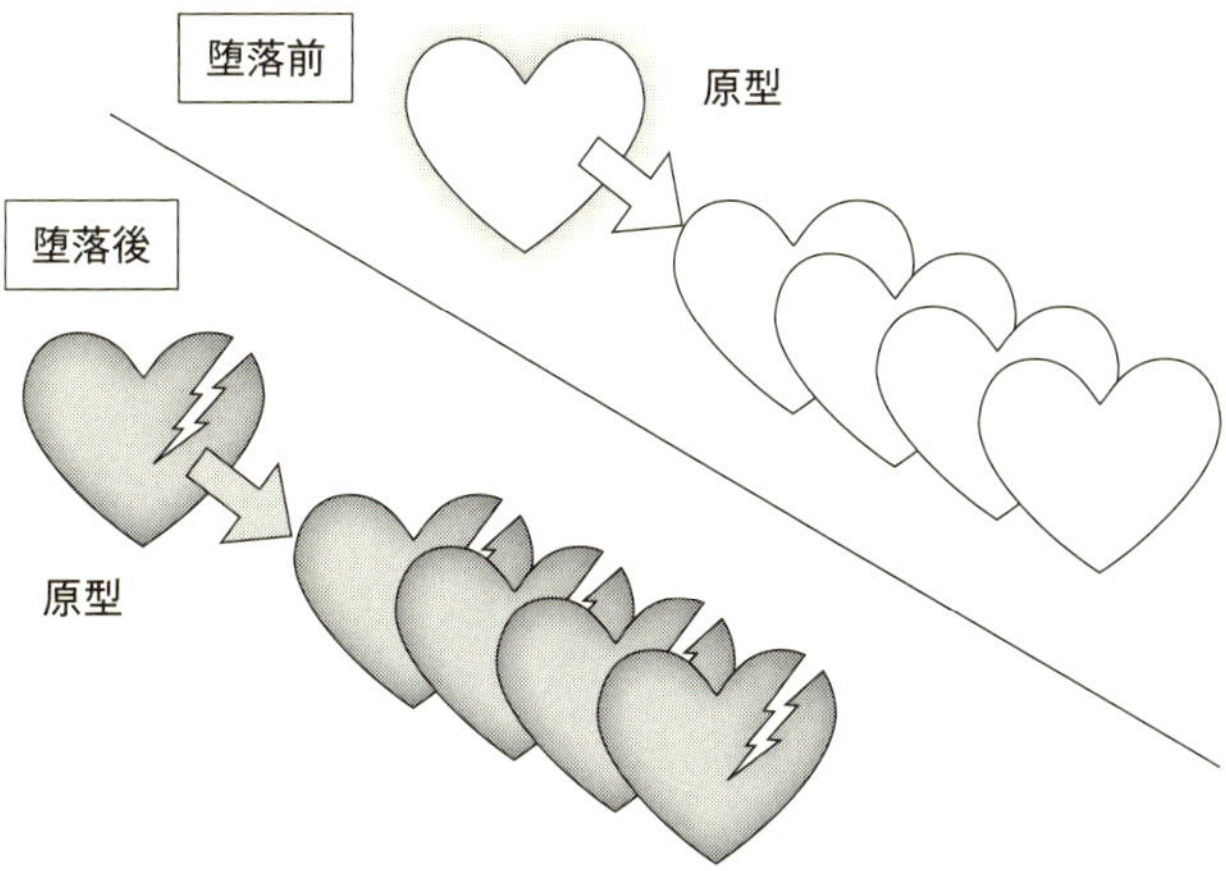

堕落によって愛の原型が変形し、その結果、全人類に自己中心的な偽りの愛が広がるようになった

的なものとして固まってしまいました。一度原型ができれば、そこから、それに似たものが次々に出てきます。このようにして、自己中心的な愛がアダムとエバから始まり、彼らの子孫、すなわち全人類に広がっていったのです。愛は血統を通して伝えられ、発現しますから、アダムとエバの血統によって結ばれた全人類に、この自己中心的な愛が広がっていったことになります。

神様は本来、アダムとエバが成長して夫婦となるとき、二人がお互いに神様を中心とする真の愛によって関係を結ぶことで、そこから真の生命、真の血統を生み出すようにされました。そうすれば、真の愛がその後は真の血統に従って流れ、現れるようになっていたのです。人類は、神様の愛と生命と血統によって結ばれた、一家族となっていたことでしょう。誰もが神様の愛を相続し、お互いに家族としてために生き、高め合う平和の世界が実現していたことでしょう。神様はこのようにして、神様の愛と生命をつないでいき、天宙を神様の血統圏として築こうとされていたのです。

しかし、人類最初の夫婦愛が、相手のために生きようとする真の愛ではなく、相手を自分のために利用しようとする偽りの愛によって結ばれることで、サタンを中心とする偽りの生命、偽りの血統を生み出すことになったのです。それ以降、人類は血統を通して、真の愛ではなく、偽りの愛、サタンの愛を相続しながら、歴史を綴《つづ》ってきました。

堕落したというのは、神様から見れば、人間の本来の出発点よりもはるか下に落ちてしまったことを意味します。それにより、神様にとっては本来想像することもできないような世界がつくられてきたのです。神様が最も貴いものとしてつくられた愛の原型がいびつなものに変形してしまうことで、人間は誰かを愛するときも、自己中心的な動機に支配されるようになり、自分のために人を犠牲にすることも平気になりました。自己中心的な愛によって、物を奪い、人を奪い合ってきたのが人類歴史です。現在、私たちを取り巻く環境には、様々な問題がありますが、それらはすべて、最初の愛の過ち、最初の結婚の過ちから起こっているということを理解する必要があります。

四、復帰摂理の目的

それでは、神様の永遠なる愛の理想を復帰するためには、どうすればよいのでしょうか。人間が家庭理想を実現できなかったがゆえに、神様の創造理想が失われたのですから、本然の家庭基準を復帰することによって初めて、神様の創造理想を実現することが可能になります。それゆえ、国や世界を探し求める前に、まず家庭が問題となります。すなわち、復帰摂理の中心テーマは家庭にあると言わざるを得ないのです。

ところで、人間が本然の家庭基準を立てようとすれば、まず神様を中心とする結婚をして夫婦となり、神様の真の愛で愛し合わなければなりません。しかし、人類は堕落することでサタンの偽りの血統を受け継ぎ、それを通して偽りの愛を相続していますから、男女が真の愛で愛し合うことは非常に困難です。神様はもともと、血統を通して愛が流れるように創造されましたから、人類が神様の愛を相続するためには、まず血統の転換が必要となります。サタンの血統を断ち切って、神様との血統的関係をもう一度結ばない限り、神様の愛を復帰する道はないのです。

生命より貴く、愛よりも大切なものが血統です。生命と愛が一つになって創造されるものが血統なのです。このうち、生命がなくても、愛がなくても血統は創造されません。愛と生命と血統のうち、その結実は血統だということです。神様の血統の中には真の愛の種が入っていて、真の生命の体が生きているのです。（天一国経典『天聖経』第十三篇 第一章 第三節 13）

血統の重要性は、いくら強調してもしすぎることはないことを、皆様も肝に銘じなければなりません。血統がなければ、生命はもちろん、愛も離れてしまいます。血統が残ってこそ、愛した自分の伝統が残され、血統が存続してこそ、父母の息遣いが継続していくのです。言い換えれば、父母に愛の実、生命の実、血統の実、そしてすべての喜びの実を提供する最初で最後の必要十分条件は、真の血統であることをはっきりと知らなければなりません。（天一国経典『天聖経』第十三篇 第一章 第一節 7）

堕落で問題だったのは、人間始祖の立場にあるアダムとエバが、偽りの父母になってしまったことでした。それにより、その後に生まれてくる全人類が、サタンの血統を持った堕落人間となってしまったのです。そのサタンの偽りの血統を通して、これまで偽りの生命、偽りの愛が人類に流れてきました。これを復帰して、人類が神様の愛、生命、血統を相続するためには、まず人間始祖の立場に、神様の血統を持った男女が改めて立ち、真の結婚を通して真の父母とならなければなりません。その上で、全人類を神様の子女として生み変え、神様の血統につなげていく必要があるのです。そうすることで、神様の愛も相続されていくのです。ですから、神様の復帰摂理の目的は、人間始祖となる真の父母を地上に送り、全人類を神様の血統につなぐとともに、神様を中心とする本然の結婚と家庭基準を立てることによって、創造理想を復帰するところにあるといえます。

アダムとエバが堕落する以前、神様の願いとは何だったのでしょうか。アダムとエバが、本然の真の父母を中心とする真の血族として、氏族、民族、国家、世界を形成することでした。そして、天国世界を成し遂げることが本来、神様の創造理想でしたが、人間が堕落することによって、父母が壊れていき、子女が壊れていき、結局、今日のような世界になってしまったのです。

この地球上で暮らしている人類が、一様に、真の父母の血統的関係を経ることができていない現世のこのような状態では、神様と関係を結ぶことができません。したがって、真の父母として来られる方が再臨主です。六千年歴史は、失ってしまった真の父母、すなわちアダムとエバの完成基準を復帰する歴史だったのです。（天一国経典『天聖経』第二篇 第一章 第二節 2）

私たちに必要なのは真の父母です。偽りの父母から出発したものを、真の父母から出発させなければなりません。偽りの父母から、偽りの愛、偽りの生命、偽りの血統を受けました。これをひっくり返さなければなりません。真の父母の愛を中心として、真の生命と真の血統を受け継がなければなりません。言い換えれば、生命の種を誤って受けたので、この本然の種を再び受けなければならないのです。真の父母がいなければ受けることができないので、この地上にメシヤが来られ、そのメシヤの種、真の父母の新しい生命の種をもってきて再度注入し、接ぎ木することを通して、本然の真のオリーブの木の位置に帰らなければなりません。神様は本当に私たちの父母です。ですから、どれほど近いですか。縦的な父母が神様であり、真の父母は横的な父母として理想の愛を成就するのです。（天一国経典『天聖経』第二篇 第三章 第二節 20）

このような使命を果たす真の父母を地上に送るためには、まず地上においてサタンを分立して、血統を聖別し、神様の血統を植えることのできる基台を立てなければなりません。そのための摂理が、人類歴史を通して行われてきたのです。

第二章のポイント

●堕落とは、偽りの愛を中心として天使長ルーシェルとエバが夫婦の関係を持ち、さらにそのエバが、偽りの愛を中心としてアダムと夫婦の関係を持ったことである。

●堕落の結果、サタン（天使長ルーシェル）は人類の親の立場に立ち、偽りの愛、偽りの生命、偽りの血統が出発した。神様、人間、天使、万物すべてが本然の位置を失ってしまったのが堕落である。

●堕落によって、愛の原型が変形し、人類は相手のために生きる真の愛ではなく、自己中心的な偽りの愛を受け継ぐようになってしまった。人類はサタンの血統を通して、その偽りの愛を受け継ぎながら、歴史を綴《つづ》ってきた。

●堕落とは、最初の結婚を失敗したこと。そのことを復帰するためには、まず神様の血統を持った男女を地上に送り、その二人が神様を中心として結婚して、真の父母とならなければならない。その真の父母につながることを通して、人類は神様の血統として生み変えられ、真の愛を相続していくことができる。

第三章

血統復帰のための摂理歴史

サタンの血統を受けた人間を再び神様の血統に復帰するためには、サタンも認めざるを得ない条件を立てなければなりません。神様の導きに従って、復帰歴史上の中心人物たちは、私たちの想像を絶する苦労の道を歩んできました。聖書に隠されたこの血統復帰の歴史は、真の父母様によって初めて解き明かされたものです。

本章では、聖書に書かれている復帰歴史をたどりながら、血統を復帰するために、神様がどのような摂理を進めてこられたかを学びます。そして、真のお父様と真のお母様の誕生、聖婚によって、ついに人類が再び神様の血統に戻る道が開かれたことについても説明します。

一、神の血統を復帰するための摂理

もともと、神様の血統はどのように出発するようになっていたのでしょうか。神様は、アダムとエバが正しい結婚をし、神様と一体となった横的真の父母として真の家庭を築くことで、そこから真の子女を誕生させ、神様の血統が出発するようにされました。それゆえ、神様の血統を復帰するに当たっても、まず真の父母となり得る本然のアダムとエバが地上に現れなければなりません。また、神様が人間を創造する際にまずアダムをつくられたように、再創造の摂理においても、まず息子であるアダムを先に立てる必要がありました。

真の愛と生命の種をもったアダムを失った神様は、サタンの讒訴《ざんそ》条件がない新しい種をもった息子を探して立てなければなりません。神様が人間を創造するとき、アダムを先に造ったように、再創造摂理である復帰摂理も、堕落と無関係な息子を先に立てなければならないのです。これがメシヤ思想の根本です。

メシヤは、サタンの主管下にいる堕落した血統をもった人間たちの生命を否定し、新しい生命の種を連結してあげるために来られる真の人です。根は神様に置いているのですが、後《のち》のアダムとして来て、アダムによって引き起こされたものを清算しなければならないのが、メシヤの使命です。
（天一国経典『平和経』第一篇8）

しかしながら、堕落したアダムとエバから生まれたすべての人類は、みなサタンの血統を持って生まれています。そこからいかにして、本然のアダムを生み出すことができるのでしょうか。

ここにおいて神様は、サタンの血統が出発するようになったのとは逆の経路を通して、蕩《とう》減《げん》復帰をしていかれました。サタンの血統出発の経路を見ると、エバがまず天使長と非原理的な夫婦の関係を結ぶことにより、その胎中を汚しました。その次に、エバとアダムが非原理的な夫婦の愛を結ぶことによって、アダムの中の種まで汚れるようになりました。その汚れたアダムの悪の種が、汚れたエバの胎に宿って誕生したのが、サタンの血統の子女である全人類です。そうして、その堕落した人間を通して、サタンが全世界はもちろん、霊界まで占領するようになったのです。

この状態を元に戻していくには、第一段階として、サタンが占領している悪の世界の中から、神側に立つ善を分立し、神様が働くことのできる基台を立てなければなりません。その次に、第二段階として女性の胎中まで遡り、汚れた胎を聖別して、新たな血統を出発させる

堕落の経路と復帰のプロセス

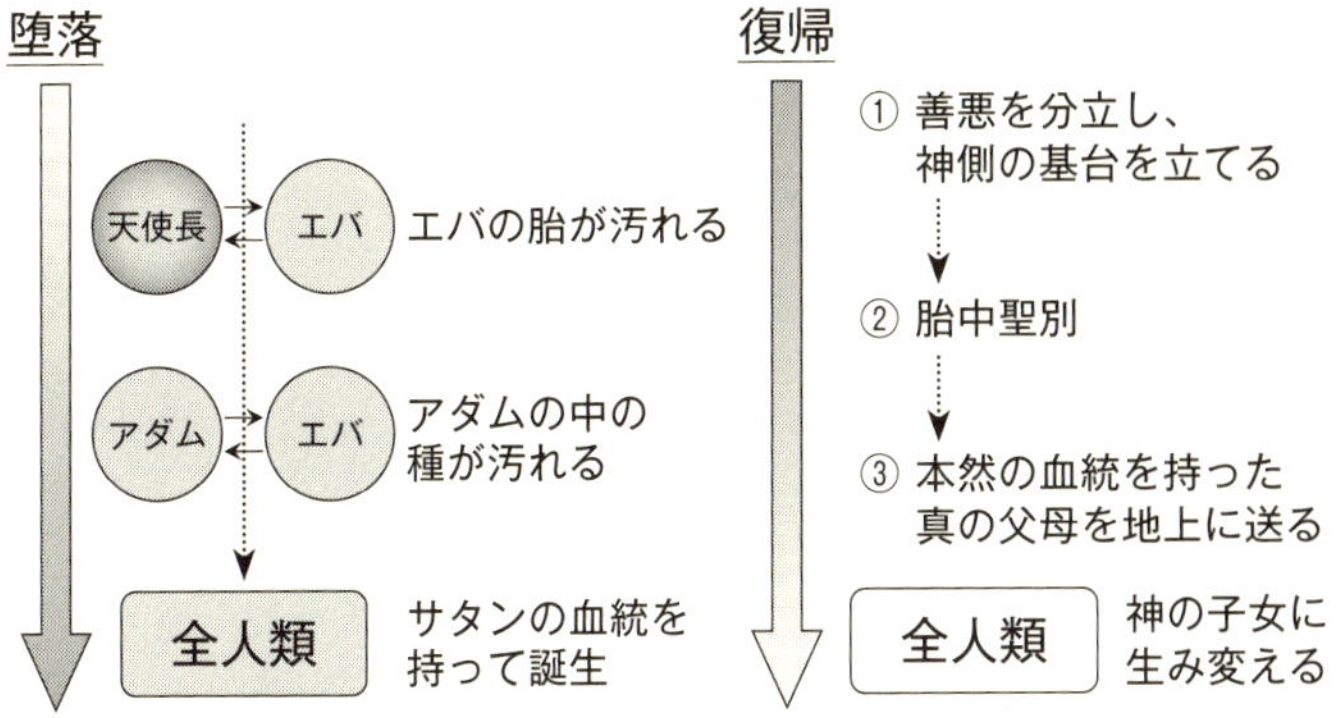

準備をしなければならないのです。すなわち、胎中で善悪を交差させ、神側に血統を復帰したという基台を立てた上で、第三段階として、本然の血統を持った真の父母を地上に送るのです。

神様はこのような善悪を交差させる摂理を、地上から、女性の胎中にまで遡って導いてこられました。その内容が、聖書に長子権復帰と胎中聖別のエピソードとして記されています。

二、ヤコブによる長子権復帰

堕落がなければ、言うまでもなく、この世界には善のみがあったはずです。一方で、堕落したからといって、この世界が完全に悪となったわけではありません。もしそうならば、復帰摂理は不可能といえるでしょう。実際は、堕落によって善と悪が混じり合うようになったのです。ただし、悪が先に結実したので、善に対して悪が優勢な立場に立つようになり、結果として、この世界を支配してきたのです。

こうしたサタン圏の中から善を出発させるには、善悪を分立した上で、善の側に対して悪の側が屈伏することによって、善悪の立場が逆転する必要がありました。神様はこのような摂理を、堕落したアダムの家庭から始められたのです。

神様は、堕落によって人類を先に占有したサタンと血縁的に直結した長子に、直接相対することはできません。神様は、善の側を代表する次子を相対として条件を立たせ、悪の側を代表する長子を屈服させることで、善の血統を復帰してこられました。（天一国経典『平和経』第一篇８）

アダムの家庭では、長子カインと次子アベルがそれぞれ悪の側と善の側に立てられましたが、カインがアベルを殺害することによって、その摂理は挫折してしまいました。

それから約二千年を経て、カイン・アベルと同じ摂理的位置に立てられたのがエサウとヤコブです。創世記第二五章以下によれば、エサウとヤコブは双子の兄弟で、エサウが兄、ヤコブが弟でした。父イサクは鹿の肉を好んだため、狩猟者であったエサウを愛した一方、母リベカは、穏やかな性格のヤコブを愛しました。本来ならば、兄のエサウが家督を相続する立場でしたが、リベカは、彼らを出産する前に神様から受けた啓示（創世記第二五章二三節）のことがあり、弟のヤコブが家督を継ぐことを願っていました。

　ある日、狩りから腹を空《す》かせて帰ってきたエサウは、ヤコブがおいしそうなレンズ豆の煮物を作っているのを目にします。それを欲しがるエサウに対して、ヤコブは「兄さんの長子の特権を私に下さい」と持ちかけます。長子の特権を重要視していなかったエサウは、いとも簡単にそれを譲り、おなかを満たすのです。

ヤコブに祝福を授けるイサク（ギュスターヴ・ドレ）

　その後、イサクは年老い、目も見えなくなりました。イサクはエサウを呼んで、「私の好きな鹿の肉を取って料理を作っておくれ。そうすれば主の前で祝福しよう」と言いました。それを聞いていたリベカは、すぐにヤコブに子やぎを取ってこさせ、イサクの好きな肉料理を作りました。そしてエサウの晴れ着をヤコブに着せ、手と首には子やぎの皮を着けさせて、イサクの所へ料理を持って行かせたのです。

イサクはヤコブに触り、「声はヤコブの声だが手はエサウの手だ」と言いながらも、その正体を見分けることができず、長男として祝福しました。直後にエサウが狩りから帰ってきて、イサクに祝福を願いましたが、もはやどうすることもできませんでした。

このことで怨《うら》みを持ったエサウは、ヤコブを殺そうと心の中で誓います。そのことを知ったリベカは、自分の兄ラバンが住むハランの地に、ヤコブを逃がしました。このように、ヤコブの長子権復帰に当たっては、母のリベカが重要な役割を担っていました。エバの堕落の罪を蕩減《とうげん》するために、復帰摂理において、母親が母子協助の使命を果たす必要があったからです。

ヤコブはラバンのもとで十回もだまされながらも、二十一年間、働き、ラバンを屈伏させます。そうして、家庭と財産を得た上で、神様の啓示を受け、再びカナンの地に戻ってくるのです。

カナンを目前にして、ヨルダン川のほとりでヤコブが夜、一人で過ごしていると、そこに天使が降り立ちます。ヤコブはその天使と一晩中、相撲をし、ももの つがいを打たれながらも、あきらめずに食い下がります。すると天使は、その執念に根負けし、「イスラエル」という名をヤコブに与えます。こうして彼は、復帰歴史において初めて、天使に対する主管性を復帰した立場に立つのです。

ヤコブはこのような条件を備えた上で、エサウに会いに行きました。そして、苦労して得た財産の半分を分け与え、七拝をしながら謙虚な姿勢で侍《はべ》ることにより、エサウを屈伏させるのです。その後、ヤコブがカナンの地のイサクの家を継ぎ、エサウは山のほうへ行って住むことになります。

ヤコブとエサウの再会（ギュスターヴ・ドレ）

このようにして、善の側に立つ弟が長子権を復帰し、兄に代わって家を相続するという善悪逆転現象が起きて、サタンを分立した善の家庭基準が歴史上、初めて立ちました。ここから、イスラエル選民圏が出発するようになったのです。

しかし、血統というのは母の胎中から出発するものです。ヤコブがエサウを屈伏させたのは四十代の時だといいますから、妊娠期間から四十代までの期間は、未《いま》だにサタンが分立されていないことになります。そこで、ヤコブの勝利の基台の上で、人間の胎中にまで遡って善悪闘争を展開し、サタンを分立する摂理が行われたのです。

サタンの偽りの愛の種が、エバの胎中に蒔《ま》かれて悪の生命が生まれたので、神様は母の胎中まで入って分別しなければ、天の息子が胎中から誕生することができないのです。ですから、ヤコブの勝利によっても、依然として分別されていない妊娠から四十代までの期間も、サタンが分立されなければなりません。結果的にこの責任を担った偉大な母がタマルでした。（天一国経典『平和経』第一篇8）

ここにおいて、タマルという女性が登場します。真のお父様は、「タマルについて研究すれば、原理のすべてが分かる」（『祝福家庭と理想天国（Ⅱ）』七七頁）とも語られています。それほどタマルは、摂理歴史において重要な役割を果たしたのです。

三、タマルの信仰と胎中聖別

創世記三八章を見ると、次のように記されています。ヤコブの四男であったユダに三人の息子が生まれました。長男のエル、次男のオナン、三男のシラです。長男エルは異邦人の女性タマルと結婚しましたが、若くして神様の前に不法を働き、死んでしまいます。そこでユダは、当時の風習に従ってタマルを次子オナンと再婚させ、長男の子を得させようとしました。ところが、オナンは子供が生まれても自分の子とならないのを知って快く思わず、種を地に漏らしてしまいました。そのことが天の前に悪となり、オナンも若くして死んでしまいます。

そこでユダは、「シラが成人するまで未亡人として実家にいなさい」と言ってタマルを帰しました。しかしその後、シラが成長したにもかかわらず、タマルはその妻にされませんでした。ユダからすれば、上の二人の息子と同じように、三男シラも死んでしまうかもしれないと恐れたのでしょう。そのことを知ったタマルは、ある時、遊女を装って道端でユダを待ち伏せします。ユダはそれが我が子の妻であるとは知らずに関係を持ち、その結果、タマルは身ごもるのです。この時、彼女は知恵を使って、紐《ひも》と杖《つえ》と印をユダから預かっていました。

三カ月ほどたって、ある人が、タマルが姦淫《かんいん》によって身ごもったことをユダに告げました。ユダは「タマルを引き出して火で焼き殺せ」と命じました。当時、姦淫を犯した者は死刑と定められていたからです。引き出されたタマルは、「私はこれを持っている人によって身ごもりました。これが誰のものか、見定めてください」と言って、先に挙げた三つの証拠物を差し出します。するとユダは、それが自分の物であると認め、「タマルは私よりも正しい。私が彼女を我が子シラに与えなかったためである」と言って、タマルの命を助けたのです。

月が満ちて、出産の時を迎えました。タマルの胎内には双子がいました。出産の時、一人が手を出したので、産婆が「こちらが兄だ」と言って手に緋《ひ》の糸を結びました。するとその子が手を引っ込め、今度は緋の糸を結んでいない弟が先に出てきたのです。先に生まれたのがペレヅで、後に生まれたのがゼラです。

以上が聖書に書かれている内容です。ゼラとペレヅは、摂理的にカイン・アベル、エサウ・ヤコブと同じ位置に立てられていました。ここにおいて、タマルの胎中で兄と弟の位置が逆転したということは、胎中における善悪闘争において、善が勝利したことを意味します。ちょうどヤコブがエサウを屈伏させて長子権を復帰し、サタンを分立した善の家庭として出発したのと同じように、タマルの胎中からサタンが分立され、善が出発したのです。

では、どうしてタマルの胎中で、そのように善悪が逆転したという条件が立ったのでしょうか。未亡人であるタマルが舅《しゅうと》のユダと関係を持つことは、姦淫《かんいん》行為であり、当時、その罪を犯した者は死刑と定められていました。ですから、タマルにとってユダと関係を持つことは、文字どおり死を意味していました。しかし、三男シラの妻となることができず、ユダと関係を持つ以外にその血統を残す道がなくなったタマルは、ただ血統を残そうという一念で、体面や威信を捨て、死を覚悟してユダと関係を持ったのです。

タマルは、ユダの家にお嫁に来たときに、その家に伝わる神様からの祝福のエピソード、すなわち、ユダの父親であるヤコブが天使と相撲をして打ち勝ち、「イスラエル」という名を与えられたことを聞いていたはずです。ですから、神様から祝福を与えられたその家系の血統を、何としても残していかなければならないと思ったのでしょう。そうして、実際に自分の命以上に血統を重要視し、血統を愛したタマルの信仰によって、血統を復帰する条件が立ち、その胎中で奇跡が起きたのです。

このようにして、歴史上初めて胎中聖別を果たした女性が立つことにより、本然のアダムが誕生する基台ができました。堕落によってアダムの悪の種がエバの汚れた胎中に入り、その胎中からサタンの血統が出発したわけですから、まず胎中で血統を復帰したという基台を立ててこそ、本然のアダムが誕生する道が開かれるのです。

ただし、この時は内的にメシヤ誕生のための条件が立ったものの、外的にはそのメシヤを保護するための基盤がまだ備わっていませんでした。メシヤを守るためには、最低でもサタン世界と同等のレベルでの保護圏が必要となってきます。この時、既にサタン世界では民族的、国家的な基盤を築いていたので、ヤコブとその一族も、それと同じ基準を備えるための歩みをしていくことになります。

タマルという女性もまた、エバの立場を清算するために舅《しゅうと》と息子を否定する立場をとり、蕩減《とうげん》条件を立てました。タマルによる胎中聖別によって、真の血統がサタンの讒訴《ざんそ》なしに天の子女として懐胎、出産できる蕩減条件が確立したのです。腹中勝利を収めたこの基準は、続いてイスラエル民族とユダヤ教の子孫たちへと引き継がれ、真の父母であるメシヤを送ることができる時を待たなければなりませんでした。なぜならば、サタン側では既に世界的国家が立てられていたので、イスラエル民族もこれに相応する国家的版図を形成したのちにメシヤを送り、世界の国々を蕩減するためでした。（天一国経典『平和経』第六篇3）

こうして、まだ時を待たなければならなかったものの、タマルの時に内的基準が立ったため、将来、彼女と同じ信仰基準に立つ女性が現れれば、その胎中聖別の勝利基台を相続して、メシヤを誕生させることが可能となったのです。

四、イエス様を中心とする復帰摂理

㈠ 本然のアダムとしてのイエス様誕生

ヤコブの時代からさらに長い時間がたちました。その間、イスラエルは、エジプトへの移住、モーセによる出エジプトを経て、一時は統一王国を築きますが、やがて不信仰から国が滅び、周辺の国々に捕虜として連れていかれるなど、多くの苦難を経験します。その後、捕虜状態から帰還するとともに、律法を整え、神殿を再建し、自らの宗教的アイデンティティーを確立していきます。やがて、政治的には強大なローマ帝国の属州となりながらも、ユダヤ教を中心として、メシヤを待望する一つの国家的基盤を築くようになっていました。

受胎告知（ギュスターヴ・ドレ）

ルカによる福音書第一章によると、当時、大工のヨセフと婚約中だったマリヤに、「聖霊が臨んで神の子が生まれる」という啓示が与えられます。それを受けて、マリヤは祭司ザカリヤの家庭を訪ね、約三カ月滞在してから家に帰ったとあります。そしてその後、身重になったのです。また、マタイによる福音書第一章を見ると、ヨセフは正しい人だったので身重になったマリヤと密かに離縁しようとしたとあります。しかし、天使が夢に現れて、「聖霊によって身ごもったのであるから、離縁してはならない」と告げたため、ヨセフはマリヤを受け入れたのです。

こうして誕生したのがイエス・キリストです。実際のところ、イエス様はマリヤと婚約者ヨセフとの間に生まれたのではありません。かといって、文字どおり聖霊によって身ごもったと受け取るのは、生命誕生の原理から見て、無理があります。男性から出た種が女性に宿ることで子女が生まれるというのが、神様が立てられた原理です。その原理を神様御自身が破棄して、イエス様を誕生させるとは考えられません。したがって「聖霊によって身ごもった」という言葉は、サタンの血統が清算された、無原罪の清い存在として懐妊したという意味で解釈すべきです。

マリヤに与えられた天の啓示が、「第三者との関係を通して神の子が生まれる」という内容であったとすれば、婚約中のマリヤにとってそれがいかに深刻なことであったか、想像に難くありません。その啓示に従うことは、彼女にとって死ぬこと以上に困難な道だったでしょう。体面も威信も捨て、自分の命以上に神の子が生まれることを重要視したマリヤの信仰は、まさにタマルの信仰基準に一致するものです。

こうしてマリヤがタマルの胎中聖別の勝利の基台を相続し、絶対的な信仰を貫いた結果、イエス・キリストが誕生しました。それゆえに、イエス様には原罪がないのです。

ザカリヤの前でエリサベツ（注：ザカリヤの妻）の助けを受けたマリヤは、レアとラケルがヤコブの家庭で母子の一体化を果たせなかったことを、国家的基準でザカリヤの家庭を通して蕩減《とうげん》する条件まで立てながら、イエス様を誕生させなければなりませんでした。

歴史始まって以来初めて、神様の息子の種、真の父となるべき種が、準備された母の胎中に、サタンの讒訴《ざんそ》条件なく着地したのです。それによって、地上に初めて、神様の初愛を独占できるひとり子が誕生するようになりました。（天一国経典『平和経』第一篇8）

それでは、神様はなぜ、マリヤとヨセフを婚約させておきながら、マリヤとヨセフから神の子、イエス様を生み出すようにされなかったのでしょうか。

実は、堕落と反対の経路を通して蕩減復帰するという観点から見ると、マリヤとヨセフの間にイエス様を誕生させるということはあり得ませんでした。堕落は、アダムとエバの婚約中に、天使長ルーシェルがエバを奪って夫婦の関係を結ぶことにより、起こりました。その結果、サタンの血統を持つ罪の子女が生まれるようになったのです。ですから復帰は、エバと天使長が婚約しているような状況において、アダムがエバを妻として取り戻すことによって成されます。このようにして、罪のない本然の子女、神の子を誕生させることができるのです。この時、エバの立場に立っていたのがマリヤであり、天使長の立場に立っていたのがヨセフでした。ですから、マリヤとヨセフの間に神の子が生まれるということはなかったのです。マリヤはあくまでも、アダムの立場に立てられた者との間においてのみ、イエス様を神の子として生む道があったのです。

(二) イエス・キリストの目的

こうして、アダム以来四千年の時を経て、再び本然のアダムを迎えることができました。それまでの歴史は、第二のアダム、すなわちイエス様一人を迎えるためにあったと言っても過言ではありません。しかし、神の子として地上に誕生すること自体が、イエス様の目的ではありません。イエス様は、アダムの果たせなかった目的を成就するために来られたのです。アダムが神様の理想を成就できなかった原因は、結婚に失敗したことでした。それゆえ、イエス様の最大の目的は、相対を得て正しい結婚をし、本然の夫婦愛を完成するとともに、真の父母となって、神様の永遠の血統圏を出発させることにあったのです。

復帰歴史路程で、これまで神様の直接的な真の血統が連結され、真の生命をもって出生《しゅっしょう》した人は、

イエス様しかいません。これまで堕落した人類の中で、地上や霊界で、神様の直接主管圏に入っていった人は一人もいませんでした。それで神様は、これまで独り、孤独な悲しみの歳月を過ごしてこられたのです。したがって、人間も悲しく、万物も悲しい世界となってしまったのです。

それで神様は、信じることができる一人の人、すなわち、血統を浄化させ、真の生命に重生させ、神様の真の愛を受け継ぎ、解放の主人になることができる一人の男性、メシヤを求めてこられたのです。皆様も御存じのように、アダム以降、旧約時代の歴史は、メシヤを迎えるための選民の歴史でした。準備された選民、イスラエルを通して、イエス様がメシヤとして来られ、万民をイエス様の家庭と接ぎ木し、真の血統を世界化しようとされたのが神様のみ旨だったのです。（天一国経典『平和経』第二篇 4）

ここにおいて、マリヤとヨセフには本来、イエス様に正しく仕え、保護し、イエス様が結婚できるように援助するという役割がありました。彼らがその役割を果たしていたならば、氏族圏が一体となり、イエス様は相対を得ることができるようになっていたのです。

また、マリヤとヨセフがイエス様と正しく一体化していれば、イエス様が十字架につくようなことは絶対にありませんでした。しかし、マリヤとヨセフは、その使命を最後まで果たすことができなかったのです。

㈢　マリヤとヨセフの不信

イエス様が誕生するまでは、マリヤはタマルに劣らない絶対的な信仰を立てましたし、ヨセフも、身に覚えのない子を身ごもったマリヤを守ることによって、使命を全うしました。もし、ヨセフがマリヤと離縁していたなら、マリヤのおなかの中の子供は、ヨセフの子供ではないということが明らかになります。そうなれば、マリヤは姦淫《かんいん》の罪で、イエス様が生まれる前に殺されていたことでしょう。

ところがその後、マリヤとヨセフが実際に夫婦となり、二人の間に子女をもうけることによって、イエス様とヨセフ、またイエス様と他の子女たちの間が怨讐《おんしゅう》関係となりました。そうして結局、マリヤとヨセフはイエス様に侍《はべ》る立場を放棄するようになってしまったのです。

神様がマリヤとヨセフを婚約させたのは、あくまでもイエス様を守るためであって、二人が夫婦の契りを結んで子をもうけることは、神様のみ旨とは何の関係もありませんでした。それどころか、二人の結婚が、イエス様の行く道を妨害する結果になってしまったのです。

マリヤとヨセフがイエス様を自分たちの子供と差別するところから、いつしか「イエスは私生児である」といううわさが流れるようになりました。洗礼ヨハネも、私生児であるイエス様を、どうしても神の子と信じることができませんでした。マリヤは親戚の結婚式のためには走り回っても、肝心のイエス様の結婚相手に関しては、イエス様が三十歳になっても探そうとはしませんでした。

このように、本来イエス様に最も近く侍らなければならないマリヤとヨセフが不信することによって、氏族圏も不信する立場に立ったのです。本来、イエス様は苦労する必要がありませんでした。しかし、神様が準備した氏族の基台が全部崩れてしまったため、やむを得ず、イエス様は氏族以外の十二弟子と七十二門徒を求めて、公生涯の苦難の道を出発せざるを得なかったのです。

しかし結局、その弟子たちもイエス様の支えとなれなかったため、イエス様には十字架の道しか、残されませんでした。

(四)　十字架の結果

歴史上、最も偉大な結婚を成そうとしていた方がイエス様です。まさに、人類のため、世界のために結婚しようとされた代表的人物でした。しかし、イエス様はその結婚を果たせないまま、十字架にかけられたのです。ですから、イエス様が相対を得られなかった恨《ハン》は、決して個人的次元の問題ではなく、人類の恨、神様の恨でした。

イエス様は神様の独り子として神様の愛を説き、自ら十字架にかかることを通して、命を

十字架にかけられたイエス様（ギュスターヴ・ドレ）

越えて投入するという真の愛の手本を示されました。しかし、神様とイエス様の真の願いは、イエス様が独り子として神様の愛を説き、人々を愛するところにあったのではありません。真の願いは、イエス様が結婚して夫婦の愛をサタンから取り戻し、真の父母となって当時の人々を重生してあげることにあったのです。

　イエス様は、神様に対する孝行息子としての使命を果たし、兄弟愛の世界を説かれました。しかし、夫婦の愛については説くことができず、父母の愛も示せませんでした。厳密にいえば、イエス様は神様の独り子でありながらも、神様から完全な愛は受けていらっしゃらないのです。なぜなら、人は相対を得て初めて、神様の完全なる愛の対象となることができるからです。夫婦愛を完成せずして、神様の愛が完全な形で現れる道はありません。神様の完全なる愛の対象は、夫婦です。それはイエス様といえども、例外ではありません。個人のレベルでは、神様の完全なる愛の対象の位置に立つことはできないのです。イエス様は結婚できなかったがゆえに、地上において神様の愛を完全には顕現させることができず、神様の血統を出発させることができませんでした。そこにイエス様の寂しさと恨《ハン》があります。確かに、イエス様の十字架の犠牲によって、多くの人が真の愛の一端を知ることができました。しかし、神様とイエス様の本来の願いは、十字架上で愛を示すことではなく、イエス様が結婚して、神様の血統の子女を生み増やすことにあったのです。

イエス様は完全なアダムの完成者として来られたので、新婦を迎えなければなりません。新婦が必要なのです。新婦を迎えて結婚していたならば、イエス様の息子、娘はいるでしょうか、いないでしょうか。その息子、娘は、罪があるでしょうか、ないでしょうか。（天一国経典『平和経』第一篇２）

もし、イエス様に子女が一人でもいたならば、それから二千年がたった今日、どれだけその血統圏が増えていたことでしょうか。愛は血統を通してのみ、完全に相続していくことができます。教えることによって愛を継がせていくには、限界があります。イエス様が十字架上で示された真の愛の意味も、時の経過、時代の変遷と共に変形し、薄れてきていることは否定できません。イエス様が教えられた愛の原型を、今日どこに見いだすことができるでしょうか。

しかし、たった一人でもイエス様の直系の子女がいたとしたら、その血統を通してイエス様の愛を相続することができます。そして、イエス様は神様と直結していますから、その子女も、神様の愛を完全に相続していたことでしょう。そうすれば、今日この世界において、イエス様の時以上の愛が地上で実っていたはずです。

そういう点から考えてみても、イエス様の本来の目的は、相対を得て結婚し、夫婦愛を完成させ、神様の愛を地上に顕現させて、神様の永遠の血統を出発させるところにあったといえるのです。

五、再臨主を中心とする復帰摂理

(一) 完全蕩減《とうげん》の道

イエス様は残念ながら、その本来の目的を果たせないまま霊界に行かれました。しかし、神様のみ旨は、必ずや果たされなければなりません。それゆえ、イエス様の使命を完全に果たすために、すなわち人類の真の父母として勝利し、この地上に神様の愛と生命、血統の根源を植えるために、再臨主が来なければならないのです。

民族が不信し、弟子たちの信仰が弱くなって、サタンの侵入を受けてしまったので、イエス様の基台は崩れ、十字架の道を行かれるしかありませんでした。本来、イエス様は、メシヤとして地上に来て、弟子たちと万民を祝福され、罪のない天国を築かなければなりませんでした。ところが、不信されることによって新婦を迎えられなかったので、真の父母になれず、その使命を完遂できませんでした。

ですから、再臨することを約束されたのです。再臨主はイエス様が果たせなかった神様の復帰摂理の根本を完成するために来られます。すなわち、創造理想を完成する真の本然の赤ん坊の種として来て、神様の真の愛、真の生命、真の血統の根源となる真の父母の理想を完成するために来られます。彼は、既にイエス様の時まで神側が勝利した根本摂理の基台の上に臨在されます。すなわち、イエス様が大人になられる時までの勝利的な基盤の上にまっすぐに立たれ、彼が果たせなかった新婦を探し出し、真の父母になられ、万民を救ってくださるのです。（天一国経典『平和経』第一篇８）

イエス様は、実体で相対を得て家庭基準を立てることはできず、霊的相対としての聖霊と一つになることによって、霊的基準における勝利圏を開かれました。このイエス様の霊的勝利圏がその後、キリスト教を通して世界的に広がっていきます。

再臨主として来られた真のお父様には、この霊的勝利基台を相続し、霊肉共の実体的な救いの摂理を展開していく道が用意されていました。しかし、キリスト教が再臨主の前に使命を果たせなかったことによって、その基台が崩れ、復帰歴史を完全蕩減《とうげん》する道を行かなければならなくなったのです。それは、復帰歴史において失敗し、サタンの讒訴《ざんそ》条件に引っ掛かったすべての内容を一対一で、蕩減復帰する道でした。

例えば、イエス様がその当時、ローマの国家権力によって十字架にかけられたため、キリスト教もやはり、国家権力から迫害を受けてきました。それを再び蕩減するために、再臨主も国家の主権から迫害を受ける立場を越えていかなければなりませんでした。血を流して死んだ立場を蕩減復帰するには、同じく血を流して死ぬような立場から、蘇《よみがえ》っていく必要があります。

また、外的な迫害を越えるだけでなく、内的な心情の世界も蕩減していかなければなりません。すなわち、それまでの失敗によって生じた歴史的な恨《ハン》や悲しみ、さらに究極的には、アダムとエバの堕落によって生じた神様の恨や悲しみも清算していかなければ、完全蕩減にはならないのです。真のお父様はまさにこのような、一〇〇パーセント以上の蕩減条件を立てる道を行かれたのです。

(二) み言《ことば》の解明と人類の解放

真のお父様は、イエス様から召命を受けた後、九年かかってみ言を解明されたといいます。神様とサタンにおけるすべての秘密、復帰歴史において人間が失敗し、サタンの讒訴条件に引っ掛かってきたすべての内容を明らかにされたのです。何もない中で、サタンと直接対決しながら、一つひとつみ言を解かれていった御苦労は、想像を絶するものです。このみ言によって、過去に復帰歴史を歩み、現在は霊界にいる多くの人物の心が解放されました。

真のお父様

このみ言はまた、地上の人々にとっても希望であり、最大の福音です。しかし、悪の勢力にとってはみ言が審《さば》きにもなり得ます。それゆえ、そのような勢力は、再臨主にこぞって反対するようになります。み言に相対できない人々を、み言だけで解放することには限界があるのです。

再臨主の使命は、真の父母として全人類を解放するところにあります。ですから、老若男女、国籍や人種、貧富や地位に関係なく、すべての人に通じ、彼らに対して主体的立場を確立することができなければなりません。そのため、真のお父様は様々な仕事を経験しながら、あらゆる階層の人々と心を通わせることのできる道を歩まれたのです。

また、ヤコブがラバンの所で二十一年間、僕《しもべ》のような生活をしながら、怨讐《おんしゅう》の立場にあるラバンを屈伏させたように、真のお父様も最も悲惨な立場、最低の立場から出発して、蕩減《とうげん》復帰の段階を一つひとつ、勝利していかれました。自ら地獄に身を置きながら、神様に助けを求めるのでなく、かえって神様を慰め、周囲に希望と愛を与えていかれたのです。

一般的に、メシヤは善なる人を救い、悪を審判するために来られると考えがちです。しかし、実際はむしろ、悪を解放する道、怨讐を許し愛する道を歩まれたのです。怨讐が怨讐として居続ける限り、神様の理想を実現する道はありません。怨讐を許し愛することによって、その相手が怨讐でなくなってこそ、初めて神様の理想が実現できるのです。

真のお父様は無実にもかかわらず、何度も獄中に身を置かれました。しかし、御自身を投獄した相手や、そのような状況に追いやった神様を怨《うら》むのではなく、「獄中という地獄に愛の種を蒔《ま》くことによって、地上に愛を早く実らせるための、神様の計らいである」と考え、むしろ神様に感謝されたのです。その姿を御覧になった神様は、どれほど慰められたでしょうか。

獄中の受難の中で、むちを受けて血を吐く拷問を受けながらも、先生は、むち打つ怨讐を恨みませんでした。真の神様は、御自身が最も愛する息子を犠牲にしても怨讐を救いたいと思われ、それだけでなく、最も貴い記念品までもその怨讐に与える方です。これが正に神様の愛です。むち打つ怨讐のために、涙を流して祈らなければならないのが神様の道理です。それで、先生は、今までそのようなことをしてきました。（天一国経典『天聖経』第三篇 第三章 第三節 25）

神様が先生をどれほど訓練されたか分かりません。先生には、神様が愛の神様ではありませんでした。考えるだけでも残酷です。世の中の商売人のような心をもったなら、もう既に逃げ出していたでしょう。み旨のことは考えもせず、神様がまた来るかもしれないと思って、はるか遠くに逃げていたでしょう。

神様は、先生が監獄に入っていって苦労する時、最も多く愛してくださったのです。そのような場に行ってみると、「ああ、神様は、私を愛していらっしゃるのだなあ！」と知ることができます。ですから、監獄に入ったとしても、それが嫌ではありませんでした。（天一国経典『天聖経』第三篇 第三章 第三節 29）

このように考え、行動されたため、真のお父様にとっては怨讐《おんしゅう》が怨讐ではなくなったのです。怨讐圏を解放することにより、サタンを自然屈伏させ、神様をも解放する道を歩まれたことになります。

こうして、真のお父様は本然のアダムとして、神様の前に孝子の道を歩まれました。しかし、たとえ個人として完璧な基準が立ったとしても、それだけでは、神様の本来の願いを果たすことができません。神様の独り子として来られたイエス様が、結婚して家庭を持たなければならなかったように、真のお父様もやはり、本然のエバとして来られた方と出会い、結婚して真の家庭を築く必要があったのです。

(三) 真の結婚式

一九六〇年四月十一日（天暦三月十六日）に挙行された真の父母様の聖婚式は、この地上に本然のアダムとして来られた真のお父様と、本然のエバとして来られた真のお母様が、神様を中心として結婚式を挙げ、真の父母となった出来事でした。

本来、イエス様も地上で天の新婦と出会い、結婚して家庭を築くことが天の願いでした。しかし、イエス様は当時の人々の不信によってその使命を果たすことができず、「また来る」

と言い残して、霊界に行かれました。また来る目的は、まさに「小羊の婚宴」をすること、すなわち結婚をして、神様の願われる家庭を築くことだったのです。その願いを、二千年の時を経て、再臨主として来られた真のお父様が、真のお母様と出会い、果たされたのです。

この聖婚式によって、アダムとエバの堕落によって失われた「真の父母」の位置が復帰されました。歴史上初めて、真の男性と真の女性が正しく出会い、神様の願われる結婚が成立したことになります。それは同時に、全人類にとって、神様の願われる結婚をする道が開かれたということでもあります。それが「祝福結婚」なのです。

真の父母様の御聖婚

それはまた、全人類が神様の血統につながり、その愛と生命を相続していく道でもあります。こうして、真の父母様の聖婚により、この地上、さらには霊界にまで、神様の愛と生命と血統が広がっていく礎が据えられたのです。

人類の母として立たれた真のお母様の歩まれてきた道も、決して平坦《へいたん》な道ではありませんでした。

真のお母様

三代にわたってキリスト教の篤実な信仰を継いだ家庭でお生まれになった真のお母様は、幼い頃から神様を御自分の父親と思いながら成長されました。しかし、三十八度線で韓半島が分断される中、命懸けで北から南に下ることになったり、韓国動乱（朝鮮戦争）の渦中、避難生活を余儀なくされたりするなど、度重なる困難に見舞われます。それでも、真のお母様は天に対する信仰と、将来は天の花嫁になるという自覚を持たれ、一つひとつ、それらの困難をくぐり抜けてこられました。そのような中、真のお父様と出会い、聖婚されたのです。

聖婚後、七年間は、真の父母様が神様の願われる本然の家庭基準を完成するために歩まれた期間でした。真の父母様は外的に様々な摂理を展開されるとともに、内的にも多くの心情の峠を越えながら、復帰摂理に残された内容を蕩減《とうげん》していかれました。この期間、真の家庭に子女様が誕生され、具体的に四位基台が備えられることになります。真のお母様はこのような天の摂理を、絶対的な信仰、忍耐、献身によって支えられました。

私（お母様）が歩んできた道は、考えるだけでも耐え難い、苦難の連続でした。神様は、選ばれたお父様に試練を与えられたように、私にも何度も試練を下さいました。そして、サタンも、お父様とイエス様を試みたように、私に対して、やはり試みました。メシヤが通過されたような過酷でひどい試練を、このか弱い女性が通過したのです。私は実に、荒々しい海に浮かんだ小さな帆舟のようでした。一方で、その当時は、私を訪ねてこられる神様の恵みを、最も深く感じた時でもありました。

私が苦痛の中にいるときも、神様は、自ら現れて啓示を下さり、導いてくださいました。そのような直接的な導きがないときも、私を愛し、守ってくれようとする周囲の人々を通して、（神様は）絶え間なく導き、啓示を下さいました。ですから、当時は、大変に困難な試練と苦難に耐えなければならない時だったにもかかわらず、同時に、その時こそ、最も美しく、神様の恵みに満ちあふれた、本当に神様が共にいてくださることを実感できる時でもありました。このようにして、完成に向かって苦悩しながら歩んだ成長期間が終わり、天が願われる基準に到達した私が、その当時を振り返るとき、その苦難に満ちた記憶がすべて、喜びに変わったのです。（一九七七年五月三日、真のお母様のみ言《ことば》）

こうして、真の父母様が内外共に勝利の基準を立て、一九六八年一月一日、「神の日（現・天の父母様の日）」が宣布されたのです。この日、地上で初めて真の家庭の勝利基準が立つことにより、神様が地上に臨在できる基準が立ちました。真の家庭を通して、神様の愛が完全に着陸し、顕現するようになったのです。

第三章のポイント

- 神様の血統を復帰するためには、第一に、悪の世界から神側に立つ善を分立し、神様が働く基台を立てなければならない（長子権復帰）。第二に、母の胎中まで遡って聖別（善悪を交差）し、新たな血統を出発させる準備をしなければならない（胎中聖別）。そして、第三として、本然の血統を持った真の父母を地上に送る必要がある。
- エサウとヤコブの時に、サタンを分立した善の家庭基準が立った。その後、神様に祝福された血統を命懸けで残そうとしたタマルの信仰により、その胎中で善悪が交差して、善の勝利基準が立った。さらに、同じく命懸けの信仰により、タマルの胎中聖別の勝利基台を受け継いだマリヤを通して、神様の独り子であるイエス様が誕生した。

●イエス様が地上に来た目的は、神様を中心とする結婚をして真の父母となり、家庭を築いて神様の血統圏を出発させることだった。しかし、マリヤとヨセフをはじめとする氏族圏の不信、さらには弟子たちの不信により、イエス様は十字架の道を歩まざるを得なかった。その結果、霊的な救いは果たせたが、地上において神様の血統を残すことはできなかった。

●再臨主は、イエス様に代わって神様の愛と生命、血統の根源を植えるため、地上に来なければならない。再臨主は本来、キリスト教の基盤の上で出発するべきだったが、キリスト教の不信により、復帰歴史のすべての内容を一対一で完全に蕩減《とうげん》する道を歩まれた。

●三代にわたる篤実なキリスト教信仰を受け継ぐ立場でお生まれになった真のお母様は、幼い頃から天の花嫁としての自覚のもと、成長された。そして、様々な苦難を乗り越える中、天の導きにより、韓国の地で真のお父様と出会われた。

●地上に本然のアダムとして来られた真のお父様と、本然のエバとして来られた真のお母様が、一九六〇年四月十一日（天暦三月十六日）に聖婚されることで、地上に初めて真の父母が顕現した。さらに内外の勝利を経て、一九六八年一月一日、「神の日（天の父母様の日）」が宣布されることで、神様が地上に臨在できる基準が立つようになった。

第四章

祝福結婚の意義と価値

真の父母様によって与えられる祝福結婚は、創世以来、神様が理想とされてきた結婚であり、堕落によってもたらされた悲しみと、復帰摂理のすべての苦労を洗い流す内容を持っています。

本章では、真の父母様の勝利によってもたらされた祝福結婚の意義と価値について、一つひとつ確認していきます。堕落人間が具体的にどのようなプロセスを経て神様の血統に生み変えられていくのか、また、祝福結婚によって出会う配偶者はお互いにとってどのような存在であるのかについても、説明しています。これらの内容を学ぶことで、私たちが現在、与えられている恩恵を深く実感することができるでしょう。

一、真の父母と祝福結婚の伝統

一九六〇年に真のお父様と真のお母様、すなわち本然のアダムと本然のエバが出会って、真の結婚式がなされることによって、結婚に関する天の伝統が初めて人類の前に示されました。

それまでの歴史では、多くの宗教者が独身生活を送ってきました。なぜなら、人間始祖が正しい結婚式を挙げることができなかったからです。本来は、アダムとエバが父母となって、そこからすべての人間が誕生するようになっていました。それが、堕落によって未《いま》だ真の結婚式を挙げられていなかったのですから、人類は生まれてもいない立場なのであり、ましてや結婚できる立場では全くないのです。

これまで人類がしてきた結婚は、天使長ルーシェルとエバの堕落した愛の基準を受け継ぐものです。そのような偽りの愛を中心として結婚することは、神様にとって怨讐《おんしゅう》の中の怨讐であり、悲しみの中の悲しみでした。人類の中で、先駆けて神様と真理を求めて歩んだ宗教者は、そのことを我知らず悟り、独身の道を歩みながら、誰よりも神様を愛そうと身もだえしてきたといえるでしょう。

そのような人類歴史の中で、こうして神様を中心とする本然の基準の結婚が示されたというのは、神様にとっても、霊界と地上においても、最高の喜びと希望、祝福であるということができます。

また、本来、結婚の目的は、神様の愛をはじめとして、創造の権限と主管権を相続するところにあります。結婚式とは、神様の愛を受ける愛の伝授式であり、神様の全権を相続する相続式なのです。そして、その愛と権限は、先に神様から与えられた父母を通して受けるものですから、子女の結婚は本来、父母が司《つかさど》るものであり、父母を抜きにしては成立しないのです。父母を通さずして、子女が父母の持つものを相続する道はないからです。

結婚する時間は、神様の愛を相続する時間です。そして、再創造の権限を相続します。神様がアダムとエバを造っておいて感じられたその喜びが、結婚を通して広がるのです。その次には、主管権が始まります。完成圏で祝福を受けることによって、このように一番貴いものを受け継ぐようになります。ですから、結婚式というのは、愛の顕現をいうのであり、理想的な創造権を賦与されることをいうのであり、主体者や対象者として互いに主管権を賦与されることをいうのです。（天一国経典『天聖経』第五篇 第二章 第二節 13）

多くの宗教で、「独身生活をしなさい」と言いますが、統一教会では祝福結婚をするのです。祝福結婚は、宗教の歴史にはありません。祝福結婚は、自分勝手にするものではありません。神様の命《めい》と父母の承諾を受けなければなりません。結婚は、神様と父母から連結されてこそ、成し遂げられるのです。これが伝統です。自分勝手に結婚してはいけません。結婚式の場は、最高の貴いものを父母から相続する厳粛な場です。その最高の貴いものを相続する前に、その最高の貴い主人が、神様からその福をつないであげなければなりません。（一九九四年五月二十二日、マルスム選集二六一巻五二頁）

今日、世の中では父母と関係のないところで、自分たちの思いを中心として結婚するのが一般的ですが、それは本来の基準から見るとき、神様とも、霊界とも、この世界とも何の関係もないものだと言わざるを得ません。

父母が神様の愛と一つになり、神様がその父母に臨在できる基準が定まることによって、子女も神様と関係を結ぶことのできる愛の基準が立つのです。このような観点から見るとき、人類が本来の結婚、すなわち祝福結婚をして、神様の愛と権限を相続するには、真の父母が不可欠です。真の父母が立たない限り、本来の結婚をする道はなく、神様の愛と権限を相続する道もないといえます。神様の愛と一体化した真の父母が立って初めて、本来の結婚が可

本然の結婚式と人類の願い

本然の結婚式

- 神の愛の伝授式
- 神の全権の相続式

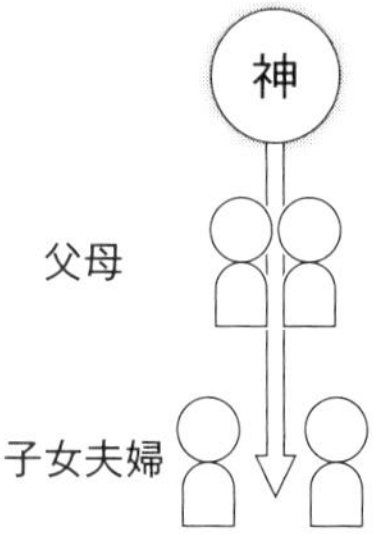

先に神様から愛と全権を相続した父母を通して相続する

⇒子女の結婚は父母が司るもの
⇒神の愛と一つになった真の父母が立たない限り、相続不可能

人類の願いは、真の父母に出会うこと

能になるのです。

真の父母は、サタン世界と闘って勝利し、サタンの讒訴《ざんそ》圏を抜け出した立場に立つ方です。サタンが讒訴できる内容を一切残さず、完成基準を超えた位置に立ってこそ、真の父母となり得るのです。そのような父母によってのみ、サタンが相対できない、本然の結婚式が可能となるのです。

今までの結婚は、サタンが相対するものでした。堕落によってサタンが愛の領域を支配するようになったわけですが、結婚とはまさに、その愛の領域に足を踏み入れ、結実させることです。すなわち、結婚を通して、サタンが偽りの愛で、人間を主管してきたともいえるのです。本来、天国に入る玄関として位置づけられていた結婚が、堕落によって、逆に地獄への入り口となってしまったのです。

以上の観点からすると、まず本然の男性と本然の女性が、神様を中心とする結婚をして真の結婚の在り方を示し、真の父母として立たなければなりません。そうして初めて、子女の立場にある人類も、祝福結婚の伝統を相続し、出発させられるのです。

それゆえ、人類の願いは何よりもまず、真の父母に出会うことです。たとえ死の道を行くとしても出会わなければならないのが、真の父母なのです。真の父母に出会うことによって、過去、現在、未来を新たに見いだすことができます。真の父母にいかに出会うかが、私たちにとって、人生の最重要課題となるのです。

一、祝福結婚の意義

アダムとエバは本来、愛が十分に成熟した、個性完成基準で結婚するようになっていました。そして、結婚とともに夫婦愛を完成させ、神様の愛の直接主管圏に入るようになっていたのです。ところが、アダムとエバが実際に夫婦の愛の関係を結んだ位置は、長成期完成級でした。長成期完成級において、天使長ルーシェルとエバが愛の関係を結び、さらにその非原理的愛を中心として、エバとアダムが夫婦の関係を持ったのです。

このように堕落することによって、長成期完成級以下の位置は、サタンが主管する堕落圏となりました。サタンが相対するこの堕落圏において、真の父母を迎えることはできません。したがって、長成期完成級の型を備えた位置において真の父母を迎え、その真の愛を中心に男女が出会って初めて、堕落圏を超える結婚をすることができるのです。これが祝福結婚です。堕落は長成期完成級において、夫婦の関係を通して起きたのですから、蕩減《とうげん》復帰の原則から見て、復帰も長成期完成級の型を備えた位置で、夫婦の関係をもって成し得るといえます。

堕落は長成期完成級で起きたため、これを原状に回復するためには、堕落したのと反対の経路を通して帰らなければなりません。アダムとエバが愛の問題を中心に堕落したので、私たちの復帰路程においてもその基準に到達したならば、必ず愛の問題を中心にして越えていかなければならないのです。

今まではサタンの父母から愛を受けていたので、愛の問題を克服しようとすれば、神様の愛を中心とした真の父母の愛に連結されなければなりません。そのようにしなければ、これを克服する道がないのです。ですから、堕落した父母の血統を受け継いだ堕落圏にいる人類は、最後には父母を迎え、縦的に一つになって堕落圏を克服する道を探っていかなければならないのです。これが原理の立場です。

これを克服するのは一人ではできません。必ず男女がペアにならなければなりません。これが統一教会で行っている祝福です。ですから、祝福は自分なりにしてはならないのです。縦的中心である父母を中心にしなければならないのです。（天一国経典『天聖経』第四篇 第三章 第二節 13）

真の父母によって与えられる祝福結婚は、サタンと関係のない立場における結婚です。この祝福結婚によらなければ、堕落圏を超える道はありません。人間は祝福結婚をすることによって、本然の価値を回復する道が開かれるのです。そして、人間が本然の位置を復帰することを通して、万物界も、天使界も、本然の価値を回復できるようになります。さらに、神様も、その本来の権能を発揮できるようになるのです。

人間始祖、アダムとエバが結婚に失敗することによって、すべての存在が本然の価値を喪失し、神様の理想が挫折しました。ですから、真の父母の顕現と祝福結婚の実施は、神様の理想を回復していく出発点になるのです。

祝福結婚をすることで、私たちは神様が人間の堕落以降、四千年間摂理され、その基台の上でイエス様がさらに今日まで二千年間、キリスト教を通して願ってこられた内容を、実体で成し遂げた立場に立つことができます。

また、これまで先祖が失敗したすべての内容、すなわちサタンの讒訴《ざんそ》条件となってきたすべてのことを蕩減《とうげん》復帰して、地上で愛の完成体に向かって出発できる道が開かれることにもなるのです。

さらに大きな祝福結婚の恩恵は、真の父母と永遠の因縁を結べることにあります。祝福結婚をするということは、子女として真の父母から愛を相続する立場に立つことです。それはすなわち、真の父母と親子の愛の因縁を結ぶということです。父母の子女に対する心情と愛は絶対的であって、いかなるものでも断ち切ることはできません。ですから、祝福結婚をした者は霊界に行っても、真の父母が永遠に責任を持ち、主管し、指導されるのです。

歴史的に堕落の環境圏で生きてきた人間は、たとえ祝福結婚をしたとしても、その後、自らの決意と努力だけで、堕落の習慣性を完全に抜き取ることはできません。それゆえ私たちは、真の父母が永遠に責任を持ってくださろうとするときに初めて、完成への希望を持つことできるのです。

私たちにとって、神様の愛と一体化した真の父母と因縁を結ぶこと以上の恩恵と希望はありません。地上で真の父母と因縁を結ぶことができない場合、それを霊界で結ぶのは、なお一層困難です。なぜなら、相対基準が合わないからです。肉身がある場合は、たとえ相対基準が合わなくても同一の時空間内にいますから、因縁を結ぶ道があります。しかし、霊界ではその心霊基準によって住む層が異なりますから、出会うことは非常に難しいのです。

祝福結婚の意義

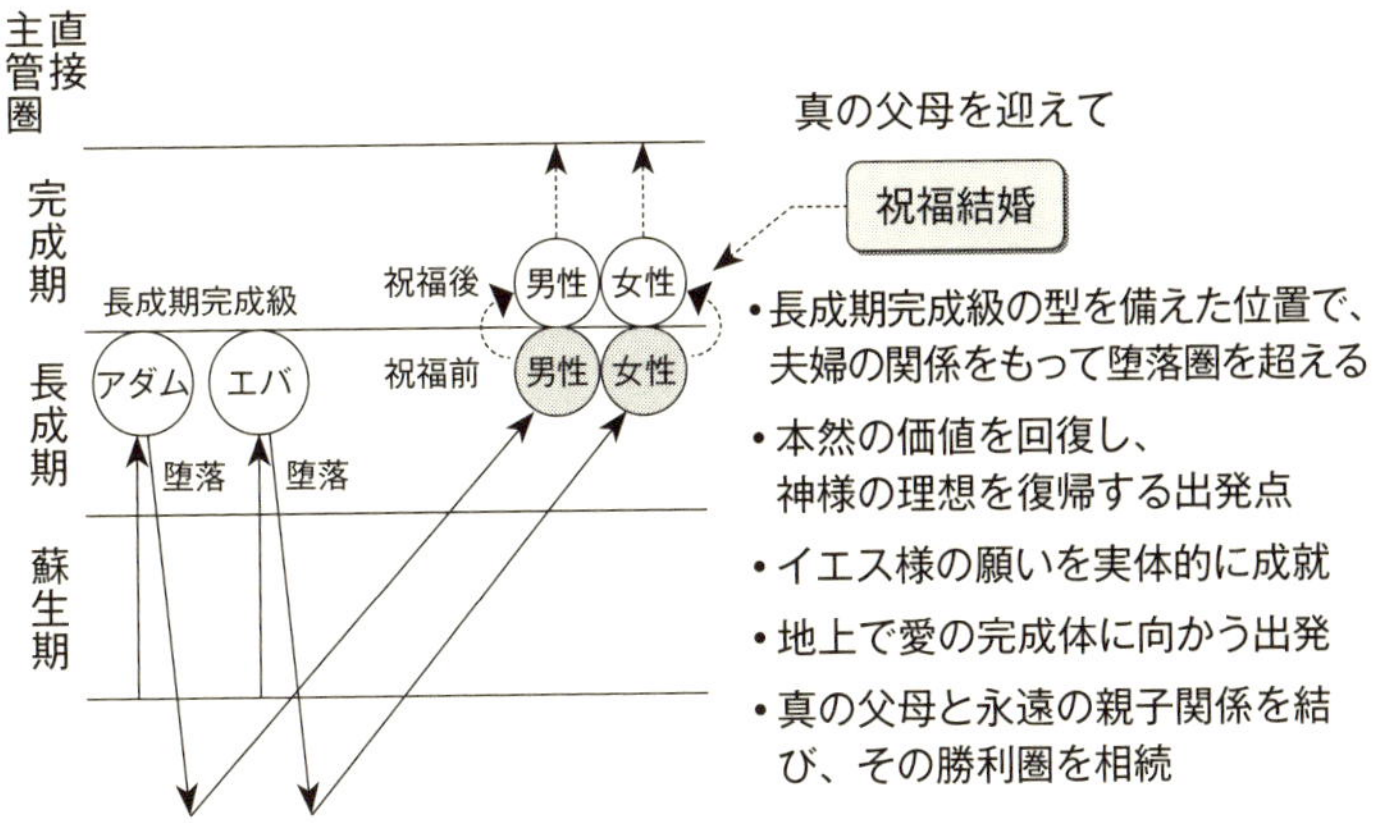
直接主管圏
完成期
長成期
蘇生期
長成期完成級
アダム
エバ
堕落
堕落
祝福後
祝福前
男性
女性
男性
女性
真の父母を迎えて
祝福結婚
・長成期完成級の型を備えた位置で、夫婦の関係をもって堕落圏を超える
・本然の価値を回復し、神様の理想を復帰する出発点
・イエス様の願いを実体的に成就
・地上で愛の完成体に向かう出発
・真の父母と永遠の親子関係を結び、その勝利圏を相続

地上で祝福結婚をすることにより、堕落圏を超えて結ばれた真の父母との本然の因縁は、霊界においても永遠に続くのです。真の父母との関係が霊界においても永遠に続いていくということは、私たちにとって最高に価値のあることです。

祝福結婚の位置は、過去から今まで綴《つづ》ってきた歴史過程におけるすべての悲しみを清算できる場であり、今まで成就されなかった神様の願いが新たに出発できる場であり、新しい人間の未来が出発する契機となる起点でもあります。先天時代のサタン支配圏を完全に抜け出す、最も確実な方法です。皆様は祝福結婚を通してこそ、真の父母との関係を継承することができます。天の全権を譲り受ける過程的結実です。祝福を受けた家庭は、霊界に行っても真の父母が責任をもってあげます。真の父母様の主管のもとで生きるようになるという意味です。このように、祝福結婚を通して真の父母様と天的な関係を結ぶようになれば、それは永遠不変の関係になります。祝福結婚は天国の門を開く鍵になるのです。（天一国経典『平和経』第四篇 10）

祝福結婚をすることによって、私たちは真の父母の勝利圏を相続することができます。神様の真の愛、創造の権限、万物に対する主管権をすべて、相続していくことができるのです。人間として、これ以上の望みがあるでしょうか。歴史を通して人類が願ってきた一切を、祝福結婚によって手にすることができるのです。

三、血統転換のプロセス

これまで見てきたように、復帰歴史の目的は血統転換、すなわちサタンの血統から神様の血統に転換することにあります。それゆえ、祝福結婚の中心的意義も血統転換にあることは言うまでもありません。それでは、祝福結婚を通して人類はどのように血統が転換されていくのでしょうか。

血統は、子女の生命が出発するときに始まります。父母が神様の愛を中心として一体化した結果、子供が生まれることによって、神様の血統が始まるのです。父の骨髄の中から出た種が、愛の関係を結ぶことで母の胎に入り、一つになることによって、生命が誕生します。これが、父母から子女が生まれる原則です。

　堕落の過程を見ると、まず天使長ルーシェルとエバが非原理的な愛の関係を結ぶことによって、エバの胎中を汚しました。次に、そのエバがアダムと偽りの夫婦愛の関係を持つことによって、アダムの中の種までが、堕落の影響を受けるようになったのです。そのようにして、悪に染まったアダムの中の種が、同じく悪に染まったエバの胎中に宿って誕生したのが、サタンの血統を持つ堕落人間です。

　復帰は、反対の経路を通して成されるのが原則ですから、堕落した血統を復帰するためには、まず母の胎から復帰していかなければなりません。母の胎からサタンの血統が出発したわけですから、母の胎中まで遡って、そこで善悪を交差させ、血統を復帰するという摂理が必要になるのです。これを成し遂げたのが、既に述べたように、タマルという女性でした。このタマルの信仰基準を相続することで、胎中聖別の基台の上に立ち、堕落していない本然のアダムを迎えることができるようになるのです。そのような方として来られたのがイエス様です。さらに、再臨主はそのイエス様が大人になるまでに築かれた勝利の基盤の上に来られます。

　このようにして来られた本然のアダムが、地上で本然のエバと出会い、結婚することで、真の父母となるのです。そうして、真の父の中の生命の種が真の母の清い胎の中に宿ることで、そこから神様の血統を持つ子女が生まれてきます。それが真の子女です。このようにして、神様は真の父母を通して、新しい神様の血統を出発されるのです。

それでは、既に生まれている人々は、どのようにして、その神様の血統につながっていくのでしょうか。そのプロセスは、接ぎ木に例えることができます。本来ならば、神様から出発する甘柿の血統が永遠に続くはずだったのですが、堕落によって、それが渋柿になってしまったといえます。その渋柿の種が落ちてはまた渋柿が生え、ということを繰り返しながら、渋柿の血統が受け継がれてきたのです。渋柿から甘柿の種が出てくることはあり得ません。そういう状況の中で、甘柿の種が新たに天から下りてきて、地上で新しい甘柿として出発したのです。

歴史的に受け継がれてきた渋柿の流れを、天から下りてきた甘柿の種につなぐには、接ぎ木をする以外にありません。渋柿の根に近い部分の幹を切って、その上に甘柿の芽を接ぎ木するのです。そうすると、渋柿の根は残るのですが、甘柿の芽が成長することによって、そこから甘柿の実がなるようになります。つまり、祝福結婚によって甘柿の芽、すなわち神様の血統を接ぎ木された後、それを大切に守っていくことによって、そこから神様の愛と生命が流れ込み、神様を中心とした新しい血統の流れが生まれてくるのです。これが、人類がサ

接ぎ木の流れ

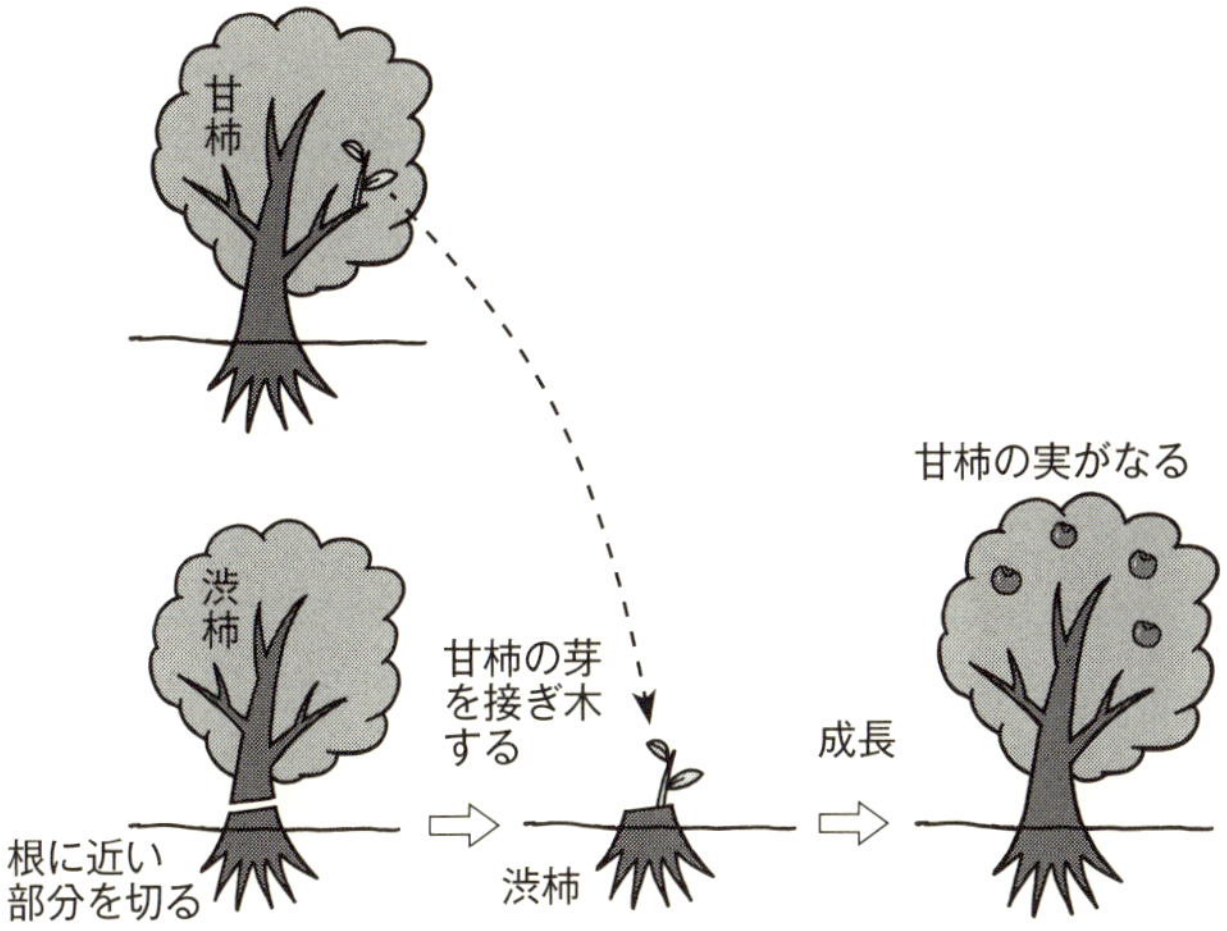

タンの血統から神様の血統に転換されるメカニズムです。

具体的に、真の父母様によって示された祝福結婚の一連の行事と血統転換のプロセスは、以下のようになります。堕落の順序としては、エバがまず天使長と関係を持ち、霊的堕落をしました。その後、アダムを誘惑して肉的堕落をすることで、エバはアダムを、天使長（サタン）の息子として生み変えた立場に立ったのです。復帰に当たっては、その経緯と反対のプロセスを経るわけですから、まず女性が本然のアダムの相対の立場に立った後、天使長の立場にいる男性を神様の息子に生み変えていくというプロセスを経ることになります。

まず、祝福式に先立って行われる聖酒式には、原罪を脱ぎ、血肉を交換するという意味があります。この聖酒式を経なければ、祝福式に参加することはできません。聖酒式において、新婦は真の父母様から聖酒を先に頂き、半分飲むことによって、神様の愛と直接因縁を結んだ立場に立ちます。この時点で、新婦は内外共に血統転換された立場に立ちます。次の段階として、新婦が聖酒の残り半分を新郎に渡し、新郎がそれを飲みます。ただし、この時はまだ、新郎は内的にのみ血統転換された立場であって、血統転換が完了したわけではありません。新郎はあくまでも、天使長の立場にいるのです。男性の血統転換が実体的に終了するのは、三日行事を行った時になります。すなわち、女性と男性では、血統転換のプロセスが違うのです。

聖酒式の後、晴れて祝福式に参加したカップルは、蕩減《とうげん》棒行事を行ってから、聖別期間を経ることになります。蕩減棒行事は、アダムとエバが下部を誤って用いて堕落したことを蕩減する意味で、新郎と新婦が互いに臀部《でんぶ》を棒で三回ずつたたく儀式です。またこの行事には、祝福を受ける前に犯したすべての罪、悪なる考えや生活、男女問題など、それらの清算を懸けて、お互いに蕩減し合うという意味もあります。同時に、夫婦で再びこのような場面を迎えることがないように決意する場でもあります。

また、聖別期間は四十日間ですが、この四十数は、アダムからイエス様までの四千年、ヤコブから再臨主までの四千年を越えるという意味があります。さらに、四十数はサタン分立

祝福式を主管される真の父母様

数ですから（『原理講論』三〇五頁参照）、この期間を通して、堕落によって受け継がれてきた罪や、過去のすべての過ちを分別し、清算していくという意味があるのです。

　この期間における、祝福を受けた二人の関係は、エデンの園で成長期間にあったエバと、それを見守っていた天使長の関係に当たります。すなわち、この期間において重要なのは、二人が夫婦としての愛を育むことではありません。女性においてはまず、横的な関係より、真の父母様を慕い求める縦的な関係を育むことが大切です。また、天使長の立場にいる男性を放っておくのではなく、縦的関係において感じた愛を男性に伝え、証《あか》ししていく姿勢を持つことが重要です。一方、男性も、女性がそのように縦的関係を求めていけるように積極的にサポートする必要があります。また、男性自身も縦的関係を深めていかなければならないのは、言うまでもありません。

一方、この期間には、本然の兄弟姉妹としての愛を育むという側面もあります。すなわち、現実的な意味において、相手のことをよく理解できるように努める期間でもあるということです。

このような聖別期間を経たのちに、三日行事を行うことで、晴れて二人は本然の夫婦として出発することになります。この三日行事によって、男性は天使長の立場から、女性を通して完全に神様の息子として生み変えられることになります。そうして、神様の息子として成長し、本然の夫としての位置を復帰するようになるのです。男性の血統転換は、この時点で初めて、実体的に完了するのです。一方、女性にとっても、三日行事には本然の夫を迎え、本然の妻の位置を得ていくという原理的な意味があります。

真の父母様はこのように、祝福結婚の一連の行事を通して、私たち一人ひとりが神様の血統に戻ることができるように、具体的な手順を示してくださっています。こうして、サタンとの血統関係が清算された祝福家庭は、原罪のない神様の子女の位置に立つようになるのです。その夫婦から生まれてくる子女も、言うまでもなく、生まれながらにして原罪はありません。ですから、このような血統転換のプロセスは、一世の祝福が該当するもので、二世祝

祝福結婚の一連の行事の意義（一世の場合）

聖酒式
- 原罪を脱ぐ
  （聖酒式に参加せず祝福式に参加することはできない）
- 新婦は内外共に血統転換、新郎は内的にのみ血統転換

↓

祝福式
- 堕落圏を超えて、真の父母と親子の因縁を結ぶ

↓

蕩減棒行事
- 下部を誤って用いて堕落したことを蕩減
- 過去のすべての罪、悪なる考えや生活をお互いに蕩減
- 再びこのような場面を迎えないように決意

↓

聖別期間
- 復帰歴史の 4000 年を越える
- サタン分立数を通して、過去のすべての過ちを分別、清算
- 新郎と新婦はエデンの園における天使長とエバの関係
- 横的関係よりも、縦的関係を深める期間
- 兄弟姉妹として、互いに対する理解を深める期間でもある

↓

三日行事
- 新郎が実体的に血統転換（天使長から神様の息子に）
- 本然の夫婦として出発

福にはありません。ただし、血統転換ではなく、その時の摂理的な意味における聖酒式が二世祝福でも行われる場合がありますし、二世祝福にも、精誠期間としての四十日聖別期間が設けられています。これらの内容については、教会を通して、詳細を確認しながら進めることになります。

　真の父母によって祝福を受ける者は、歴史上、誰よりも恵まれた立場に立っているといえます。今まで誰も成し得なかった、神様が祝福される本然の結婚をすることができ、さらに、そこから神様の永遠なる血統圏を広げていくことができるのです。その血統を通して、神様の愛と生命も、

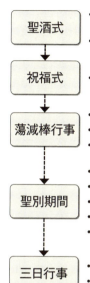

相続されていきます。このようにして、地上に神様の真の愛、真の生命、真の血統が連結され、神様の願われる平和理想世界が築かれていくのです。

四、理想相対

祝福結婚の意義と価値を述べるに当たって、最後に、理想相対について説明する必要があります。なぜなら、祝福結婚の理想は、ただそれを受けることによって完成するのではなく、配偶者と共に築き上げていくものだからです。

アダムとエバはもともと、お互いに理想相対となる立場にいました。しかし、堕落によってそのような関係性を築く基台が失われてしまったのです。祝福結婚によって与えられた配偶者は、このアダムとエバの位置を蕩減《とうげん》復帰した立場にあり、お互いに理想相対となることのできる相手です。それは神様が与えてくださった配偶者ですから、サタンが侵入できない立場で結ばれた夫婦であるといえます。その夫婦はまさに、歴史におけるすべての失敗を蕩減復帰した立場、サタンの讒訴《ざんそ》条件に引っ掛かった一切を清算した基台の上で、神様の公式的な原理によって結ばれているのです。

(一) 血統的な罪の清算

祝福結婚の最大の意義は、既に述べたように、真の父母につながることによってサタンの血統から神様の血統に転換され、原罪を清算できることです。それに加え、この祝福結婚による相対関係を通して、先祖から受け継いでいる血統的罪を清算していくことも可能となります。

私たちには、直接的に自分を生み出してくれた父母がいるとともに、その背後で、間接的に影響を与えている多くの先祖がいます。この関係を無視して、自らの存在を論じることはできません。ところで、子孫である私たちが、先祖から有形、無形の影響を受けていると同時に、私たちからも、先祖に多くの影響を与えることができます。私たちに起こる様々な問題は、先祖代々積み重ねられてきた課題が結実して起こっている場合が多くありますが、それを解決すれば、その恩恵が先祖にも及ぶことになります。それゆえ私たちは、過去の先祖にも責任を持たなければなりません。先祖の問題は、地上にいる私たちが自分たちの課題として解決し、清算してあげる以外にないのです。

特に、霊界において最も複雑な問題が、愛の問題だといいます。堕落によって、人間はサタンの血統を受け継ぐようになりましたが、それに加え、先祖における様々な愛の怨《うら》み、歪《ゆが》み、もつれが代々続くことで、その血統をさらに汚してきたのです。清い愛は、血統を清くしますが、汚れた愛の関係を結べば、血統は汚れていきます。それゆえ、堕落したサタンの血統をみな等しく受け継いでいても、その中で先祖が犯してきた愛の問題の大小によって、各自の血統の汚れは異ならざるを得ないのです。私たちはそのような血統の汚れを、先祖からそれぞれ相続しています。ですから、私たち一人ひとり、一家庭一家庭ごとに、違った形で課題が現れてくるのです。それは、その人自身が清算すべき、先祖の課題ということができます。

メシヤは、人類歴史の問題をすべて蕩減《とうげん》し、清算する使命を持ってこられました。ですから、私たちが抱える、先祖由来の課題についても、解決の道を開いてくださっています。祝福結婚とは、そのようなメシヤを通して、神様の愛を中心に夫婦の因縁を結んでいくことです。それゆえ、祝福結婚によって与えられた相対間において本然の愛の関係を築いていくことで、先祖がこれまで偽りの愛によって犯した過ちを蕩減し、清算していく立場に立つことができるのです。その結果、歴史的につながってきた悪なる血統的因縁を断ち切ることができるのです。

また、真の父母様の勝利圏によって、先祖を直接解怨し、祝福する道も開けました。今やHJ天宙天寶《てんぽう》修錬苑で行われる天寶役事を通して、自らの先祖を何百代と遡って解怨し、祝福することができるのです。

このように、祝福結婚は私たちに連綿と続いてきた血統的な罪の因縁をすべて清算する道を開いてくれているのです。

㈡　四大心情の復帰

また、祝福結婚によって与えられた配偶者を通して、私たちは堕落によって失われた四大心情を復帰する道が与えられます。

堕落圏においては、いかに神様を中心とする愛で人を愛そうと思っても、限界があります。偽りの愛、自己中心的な思いが、サタンの血統圏にあることを条件として、常に侵入してくるからです。それゆえ、私たちが堕落圏において子女の心情、兄弟姉妹の心情、夫婦の心情、父母の心情を育んだとしても、それは神様が完全に主管する、本然の心情とはなり得ないのです。

この四大心情を、私たちは祝福結婚を通して、復帰していくことになります。まず、祝福結婚をすることによって真の父母様に対して子女の立場に立った私たちは、神様に対して、真の父母様に対して、本然の子女の心情を育んでいくことになります。同時に、夫婦が最初は兄弟姉妹として接する中で、本然の兄弟姉妹の心情を育むのです。

さらにその愛を成熟させていく中で、やがて本然の夫婦の心情も育んでいくことになります。そして、子女が生まれれば、その神様の子女に対して、本然の父母の心情を育んでいくのです。また、生まれてきた子女を見つめながら、本然の子女の心情、本然の兄弟姉妹の心情を学び、追体験するという側面もあるでしょう。このような意味で、夫婦はお互いに本然の四大心情を復帰させてくれる、かけがえのない存在であるということができます。

このように、祝福結婚をすることによって初めて、私たちは本然の子女、本然の兄弟姉妹、本然の夫婦、本然の父母の心情を復帰することができるのです。

㈢ 本然の夫婦愛の完成

さらに、この中でも特に夫婦の愛について考えてみるとき、祝福結婚によって結ばれた夫婦は、これまで歴史上、誰も経験したことのない、神様を中心とする夫婦の愛を出発することが許された立場にあります。

夫婦の愛が交わされる場は本来、神様が最も願い、直接臨在しようとされた貴い場です。それが堕落によって、逆に神様にとって最も怨讐《おんしゅう》の場、悲しみの場となってきたのです。そのような立場を清算して、新たに神様の祝福のもとで出発した夫婦は、愛し合えば愛し合うほど、無限に愛が高まり、その姿が神様の似姿となっていきます。すべての壁を超えて一体化し、平安と幸福が訪れるのです。

そのような意味では、お互いに正反対の要素を備えていて、超えるべき壁が高い夫婦であるほど、それを超えて一つになったときの喜びが大きいということになります。性格や文化、持って生まれた運勢など、多くの違いを持った夫婦が、お互いに足りない部分を補い合い、真の愛を中心として一つになったとき、神様の願われる調和の美を成した夫婦愛が完成するのです。

特に、怨讐関係にあった先祖を持つ人同士や、怨讐関係にある国の人同士が結婚し、真の愛で愛し合えば、その夫婦の姿に、神様も感動せざるを得ないでしょう。

(四) 理想的な未来の出発

このように、私たちは祝福結婚を通して、過去の血統的な罪を清算し、現在において本然の四大心情を復帰していきます。さらには、理想的な未来も出発させていくといえます。

祝福結婚をした夫婦から生まれてくる子女は、サタンの血統圏を断ち切った立場にいます。それは、サタンや過去の先祖たちからの影響以上に、神様と真の父母様からの愛と期待を背負って生まれた立場です。その子女を通して、将来、神様の愛、神様の生命、神様の血統が、全世界に広がっていくのです。

特に、それが国境を超えて真の愛で一つになった夫婦から生まれた子女であれば、その子女はもはや、二つの国を別々のものとして捉えることはできません。両方とも愛する親の

理想相対

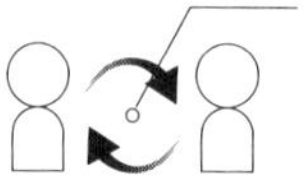

血統的な罪の清算
- 各家庭の先祖由来の課題を解決
- 先祖解怨・先祖祝福の恩恵も開かれる

四大心情の復帰
- 本然の子女・兄弟姉妹・夫婦・父母の心情を育む

本然の夫婦愛の完成
- 無限に愛を高め、神様の似姿に
- 超えるべき壁が高いほど、一つになる喜びも大きい

理想的な未来の出発
- 神の子女を生み増やすことを通して神の愛・生命・血統を広げていく

国ですから、等しく愛そうとするのです。それらの国同士が争いをするようになれば、まるで父母がお互いに争っているかのように感じ、心を痛めるのです。そのような人々が増えていけば、今後、世界は天の父母様を中心とする一つの文化圏に統一されていくでしょう。そこに私たちの未来があり、希望があります。

上記のような観点から見るとき、祝福結婚によって与えられる配偶者、理想相対は、過去、現在、未来のすべての理想の扉を開くマスターキーであり、まさに私を救い、完成に導いてくれる「メシヤ」であるといえるのです。

第四章のポイント

●真の父母様により、人類歴史で初めて、本然の結婚基準が示された。本来は、父母が子女の結婚を司《つかさど》り、神様の愛と創造の権限、主管権を相続させるようになっていた。堕落ゆえにその道が塞がれたので、再び本然の結婚をさせてくれる真の父母にいかに出会うかが、人生の最重要課題である。

●長成期完成級の型を備えた位置において受ける祝福結婚は、堕落によってもたらされた偽りの夫婦関係を清算し、サタンと関係のない立場で、神様の創造理想を実現していく出発点となる。それはまた、真の父母と永遠なる親子関係を結び、その勝利圏を相続することのできる限りない恩恵である。

●堕落した人類が、神様の血統に生まれ変わっていくプロセスは、接ぎ木に例えることができる。渋柿の根に近い部分の幹を切って、その上に甘柿の芽を接ぎ木すると、渋柿の根は残るが、そこから甘柿の芽が成長することによって、やがて甘柿の実がなるようになる。実際には、祝福結婚の一連の行事、すなわち聖酒式、祝福式、蕩減《とうげん》棒行事、聖別期間、三日行事を通して、神様の血統と連結された本然の夫婦として生まれ変わる。そこから生まれてくる祝福子女も、原罪のない、神様の血統を持った子女である。

●祝福結婚によって結ばれた夫婦は、お互いに相手を完成に導く理想相対である。夫婦の関係を通して、過去に先祖が犯した罪を清算し、本然の四大心情を復帰し、サタンと関係のない祝福子女を通して理想的な未来を出発させていくのである。

第五章

神の血統を守るべき祝福家庭

これまで、神様の創造理想から始まり、堕落、復帰、そして祝福の意義と価値の内容について学んできました。最後となる本章では、これらの内容を踏まえながら、祝福家庭が立たされている歴史的位置について確認します。また、真の父母様が私たちに守るべき基準として提示された絶対「性」についても、み言《ことば》を通してその内容を学んでいきます。

一方、そのような天の願いがあるとともに、祝福家庭は様々な困難に直面しています。その現実をどのように捉えるべきか、また、真の父母様が下さる恩赦をどのように捉えたらよいのか、考えていきます。その上で、神様の血統を守っていくために、私たちが個人として、家庭として、具体的にどのようなことを意識しながら生活するべきか、確認します。

一、祝福家庭の歴史的位置

真の父母様は、祝福を受けた家庭に対して、このようなみ言を語られています。

　愛する祝福家庭の皆様。皆様はこれから、神様から受けた純粋な真の血統を、どのように保全するかということが問題です。汚染されていないエデンの園でも堕落があったのに、この邪悪で汚れた罪悪世界で純粋な血統を保全するということは、決して容易なことではないでしょう。罪悪世界に根をおいて生まれた一世の父母たちは苦労したとしても、祝福を受けて生まれた二世の子女たちには、汚染されることのない、清くて純粋な環境をつくってあげなければならないのが皆様の責任です。
　したがって、皆様の家庭は、因習に染まった、習慣的で世俗的な家庭であってはいけません。どのように暮らすことが、未来のために正しく暮らすことなのでしょうか。子孫を徹底的に教育しなければなりません。子孫に残してあげられる、手本となる生活を送らなければなりません。（天一国経典『平和経』第二篇15）

これまで見てきたように、神様の復帰摂理の目的は、堕落によって失われた神様の愛、神様の生命、神様の血統を復帰し、それを拡大して、神様を中心とする一家族世界を実現することにありました。そのような観点からすれば、祝福結婚を通して与えられた神様の血統を守り抜くことが、祝福家庭にとっての最優先事項となります。

祝福家庭は、ユダヤ教、キリスト教の基盤の上に立てられた、いわば神様の摂理の結実です。神様は復帰摂理を通して、本然の男性と本然の女性を地上に送り、その二人が神様を中心に結婚して真の父母となることで、神様を中心とする真の愛、真の生命、真の血統を生み出すようにしようとされました。その真の父母を地上に送るためには、堕落の経路を反対にたどって蕩減《とうげん》復帰をすることで、真の父母を送ってもサタンの讒訴《ざんそ》を受けない条件を立てる必要があります。堕落は、神様よりも自分を優先し、愛した結果として起きたことですから、復帰に当たっては、自分の生命よりも神様を愛し、神様の祝福される血統を愛した基準を立てなければなりません。そうして神側に分別された血統の基盤の上で、初めて真の父母を送ることができるのです。

神様の復帰摂理は、このように神様を愛する伝統、自分の生命よりも神様を優先する伝統、神様によって祝福された血統を守り抜く伝統を立てることを目指して、進められてきたといえます。それが、神様の涙と、多くの人々の犠牲によって綴《つづ》られた、六千年の聖書歴史でした。

神様の摂理の中で立てられたユダヤ教は、選民イスラエルの宗教として、その信仰を命懸けで守ってきました。また、神様のみ言《ことば》である律法を生命よりも貴重視する伝統が立っていました。その基台の上でイエス様を正しく迎え入れていれば、そこから神様の血統が再出発するはずでした。

また、イエス様が十字架で亡くなることにより、再臨に備えて新たに出発したキリスト教も、信仰を命懸けで守りながら、殉教の歴史を綴ってきました。本来は、そのような基台の上に再臨主が来て、キリスト教の人々を祝福し、彼らが祝福家庭として出発するべきだったといえます。

しかし、神様が準備したそのような基盤は、人間が責任分担を果たせなかった結果、ことごとく失われてしまいました。それゆえ、真の父母様はすべての基台が失われた中で、再び人々を一から集めて、再出発されたのです。そうして、あらゆる人をかき抱き、祝福結婚の恵みを授けてこられたのです。祝福家庭は、このような多くの犠牲の上で、歴史上初めて、神様の血統に接ぎ木された立場であることをはっきり認識する必要があります。

祝福家庭（一世）は、聖酒式、祝福式、蕩減棒行事、聖別期間、三日行事まで全うすることによって、サタンの血統から神様の血統へと転換された立場に立っています。それは神様が、復帰摂理において目指していた目標です。ですから、私たちは何よりもまず、そのよう

祝福家庭の歴史的位置

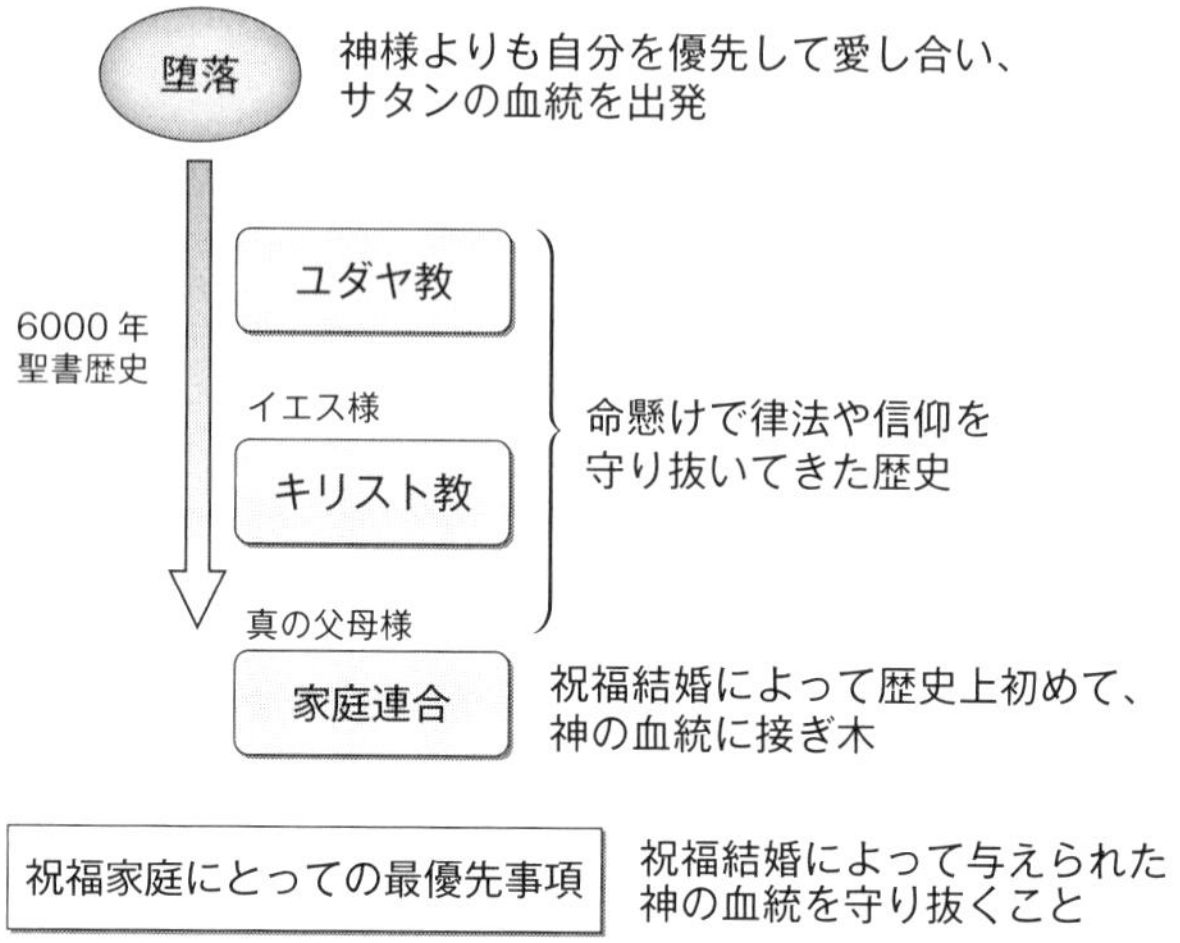

にして与えられた神様の血統に対して、誇りを持たなければなりません。たとえほかに何もなかったとしても、今はまだそれにふさわしい者ではなかったとしても、真の父母様と因縁を結んだという一点において、私たちはかけがえのない価値を与えられているのです。その価値をさらに、祝福二世、三世へと、伝えていかなければなりません。こうして代を重ねていくことによって、神様の血統が広がり、それを通して神様の愛と生命も広く流れていくのです。祝福家庭はこのような復帰歴史の結論ともいえる、重要な立場に立たされています。

二、絶対「性」の基準

真の父母様は、このように祝福結婚を通して私たちに理想相対を与えてくださり、私たちを神様の血統に接ぎ木してくださいました。その上で、真の父母様は祝福家庭が守るべき絶対的指針として、絶対「性」の基準を示してくださっています。多少長くなりますが、真の父母様のみ言《ことば》をそのまま引用します。絶対「性」の基準の第一は、絶対純潔です。

アダムとエバがモデル平和理想家庭を形成するには、絶対必要条件があります。絶対者であられる神様が、絶対的基準の上で絶対的価値を賦与するために、御自身の子女として創造した人間は、天道が求める絶対基準の道を行かなければなりません。絶対者であられる神様を父母として、侍《はべ》るために、行かなければならない宿命的路程の人生が必要だということです。言い換えれば、人間が神様に似る者となって完成し、絶対者の息子、娘と呼ばれる人格者の姿を確保するには、天が定めた絶対的基準の道を歩まなければならないという意味です。その中で最も重要なものが、正に絶対「性」の基準です。

第一には、結婚式の時まで守るべき絶対「性」、すなわち絶対純潔の基準です。人間は、誰もが生まれてから成長過程を経ていくようになります。父母の愛と保護のもと、比較的安全で無難な幼少年時代を経たのち、周囲のすべての人たちはもちろん、万物万象と共に新しい次元の関係を結び、新しく躍動的な人生を出発する青少年期に入っていきます。外的に成人になるだけでなく、内的に人格完成を通じた絶対人間の道に入っていく瞬間です。

ここで、人間なら誰でも例外なく守るべき絶対必要条件が正に純潔です。人間にとって純潔が絶対「性」のモデルであり必要条件なのは、神様が、創造理想を成し遂げるために御自身の子女に与えられた宿命的責任であり、義務であり、天道だからです。それが、正に絶対「性」を完成する道です。

神様が人間始祖のアダムとエバを創造して与えてくださった、唯一の戒めは何だったでしょうか。天が許諾する時までは、お互いの「性」を絶対的基準で守りなさいという戒めであり、祝福でした。善悪の実を取って食べれば必ず死に、取って食べずに天の戒めを守れば、人格完成はもちろん、創造主であられる神様と同等な共同創造主の隊列に立つようになり、さらには万物を主管し、永遠で理想的な幸福を謳歌《おうか》する宇宙の主人になるという聖書のみ言《ことば》は、正にこの点を踏まえて語ったことです。

婚前純潔を守り、真の子女として天の祝福のもとで結婚して真の夫婦となり、真の子女を生んで真の父母になりなさいという祝福だったのです。これは、神様の創造原則である絶対「性」を離れてなされるものではないという事実を、確認させてくれる内容です。すなわち、神様のこの戒めの中には、人間が歴史を通して神様の子女として個性を完成し、万物の主管主の位置に立つためには、神様の創造理想である絶対「性」のモデルを相続しなければならないという、深い意

味が隠されていたのです。（天一国経典『天聖経』第十三篇 第一章 第三節 4～6）

このように真の父母様は、結婚前においては、絶対純潔を守ることを絶対必要条件とされています。特に、神様の血統を持って生まれてきた祝福子女が、純潔を守り抜いて祝福結婚を受けることは、神様と真の父母様の何よりもの願いだといえます。

一方、既に夫婦となった男女が守るべき絶対「性」の第二の基準は、絶対貞節です。これは、夫婦がお互いに貞節を守り、神様を中心とする夫婦愛を育みながら、理想家庭を築いていくことを意味します。真の父母様は、この絶対「性」の基準なくしては、人格完成も不可能であり、家庭完成もできないと語られています。

第二の基準は、夫婦間において、生命よりも貴く守るべき絶対「性」のモデル、すなわち絶対貞節の天法です。夫婦は、天が定めてくださった永遠の伴侶として子女を生むことによって、真の愛、真の生命、真の血統を創造する共同創造主の、絶対、唯一、不変、永遠性の本源地なのです。独りでは、千年を生きても子女を生むことができないというのが天理だからです。婚前純潔を守り、純粋な天の夫婦として結ばれた人たちが、どうして天道を外れて浮気をすることができるでしょうか。動物とは異なり、神様が人間を御自身の子女として創造された、その旨を知ったなら、それは想像もできない創造主に対する背信と悖逆《はいぎゃく》であり、自ら破滅の墓を掘る道です。人間が堕落した結果としてもたらされた、創造理想圏外の結果です。

絶対「性」は、天が人間に賦与された最高の祝福です。絶対「性」の基準を固守しなければ、人格完成、すなわち完成人間の道を行くことが不可能だからです。さらには、神様も人格神、実体神の位置を立てるためには、完成した人間を通して真の家庭的絶対「性」の基盤を確保しなければならないからです。絶対者であられる神様が、私たちの人生を直接主管され、私たちと同居し、共に楽しまれるためには、御自身の対象であり、子女として創造した人間が、神様のように絶対「性」の基準で完成した家庭の姿を備えなければならないという意味です。絶対「性」を中心とする家庭の枠の中でこそ、祖父母、父母、子女、孫と孫娘、このような三代圏を含む本然の理想的な「性」の関係が創出されるのです。この基台の上でこそ、神様の永生はもちろん、人間の永生も可能になることをはっきりと知らなければなりません。（天一国経典『天聖経』第十三篇 第一章 第三節 7～8）

神様がエデンの園でアダムとエバに対して「取って食べてはならない」という戒めを与えられたように、祝福家庭、そして祝福子女も、神様と真の父母様から、絶対「性」を守りなさいというみ言《ことば》を受け取っているのです。アダムとエバが、神様からの戒めを生命視して守らなければならなかったように、私たち祝福家庭も、この絶対「性」のみ言を生命視して

絶対「性」の基準

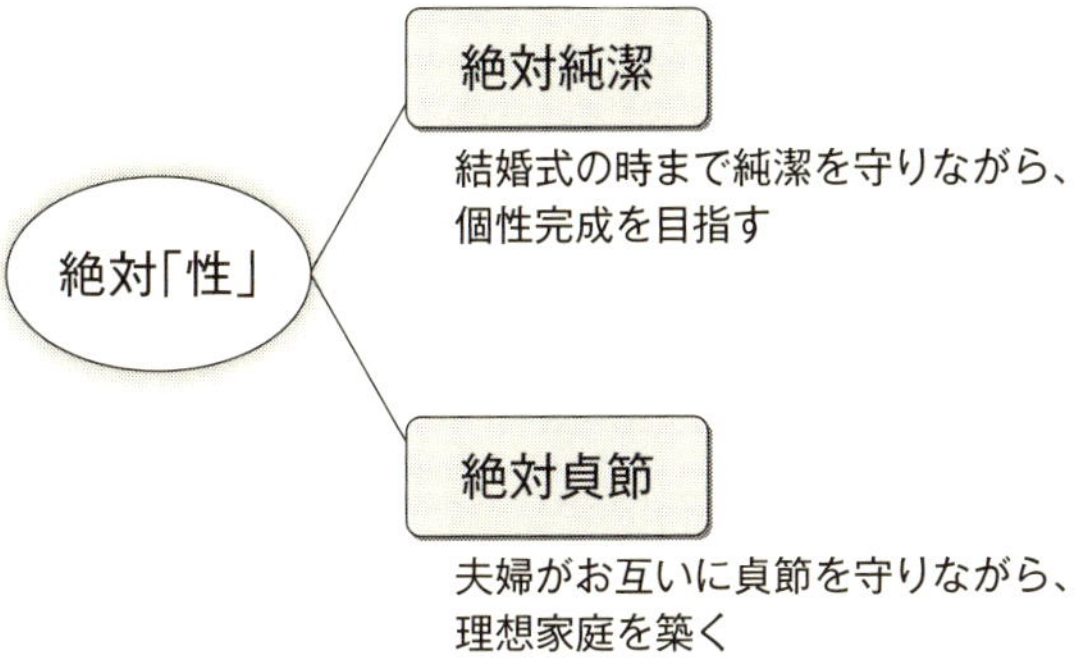

神の血統を守る土台の上で、ために生きる生活を通して、神の国をつくっていく

守らなければなりません。そのように神様の血統を守っていく土台の上で、ために生きる生活を通して、神様の願う世界をつくる必要があるのです。逆にいえば、神様の血統を守ることができない限り、私たちは本当の意味で、神様の願う世界をつくることができないといえます。それは「家庭盟誓《カヂョンメンセ》」の七節に、「本然の血統と連結された為《ため》に生きる生活を通して」とあるところからも理解することができます。

七節は、「天一国主人、私たちの家庭は、真の愛を中心として、本然の血統と連結された為に生きる生活を通して、心情文化世界を完成することをお誓い致します」です。

皆様。信仰の道において最も重要なのは、どのようなことがあっても本然の血統を汚してはいけないということです。それは何かというと、皆様の子孫が、アダムとエバが堕落したのと同じように、再び血統を汚すことがあってはならないということです。「本然の血統と連結された為《ため》に生きる生活を通して、心情文化世界を完成することをお誓い致します」です。（天一国経典『平和経』第二篇15）

祝福家庭は、真の父母様に侍《はべ》りながら、絶対「性」を守り、ために生きる生活を通して神の国をつくり上げていく、歴史的な使命を担っているのです。

二、苦労は恵みである

そのような重要な位置にあり、神様から文字どおり「祝福された」家庭であるにもかかわらず、私たちの現実の生活には、様々な課題が降りかかってきます。時には、「なぜこれが祝福された家庭といえるのだろうか」、「なぜこのように苦労しなければならないのか」という思いが湧いてくるかもしれません。そのような現実を、私たちはどのように捉えればよいのでしょうか。

実際のところ、祝福家庭であるか否かにかかわらず、私たちは先祖から様々な課題を受け取っています。例えば、私たちの先祖が犯した罪は、様々な形で今の私たちにも影響を及ぼします。もし、ある先祖が犯した罪によって被害を受け、怨《うら》みを抱きながら死んだ人がいるとすれば、死んだその人の霊人体は地上にとどまり、先祖の体に入って悪事を行います。さらに、その先祖が死ねば、子孫の体に移行して、悪事を行うのです。その結果、子孫が病気になったり、事故や災難に遭ったり、家庭の不和が起きたりするのです。このような出来事は、自らの不注意や愛情不足などが原因となることもありますが、先祖の罪の清算がまだ終わっていないところから起きる場合もあるのです。

祝福家庭は、新たに神様の血統につながった立場であり、その家系において神様の血統を出発させていく重要な位置にあります。それゆえ、それまでサタンの血統を通して受け継いできた様々な課題を、一時に解決すべき立場にあるので、かえってこのような問題が起きやすいともいえるでしょう。それは、大変ではありますが、これまでの歴史を通して積み重なってきたすべての罪を清算する、重要かつ貴重な立場だといえます。

この難しい立場を祝福家庭が勝利して越えていけるようにするため、前章で既に述べたように、真の父母様はＨＪ天宙天寶《てんぽう》修錬苑の摂理を通して、天寶役事と先祖解怨・先祖祝福の道を開いてくださいました。これらの内容を通して、私たちは自らの体に潜んでいる悪霊を整理するとともに、先祖の罪を清算し、先祖を祝福に導くことができるのです。これにより、私たちの家庭を取り巻く難しい霊的背景を直接整理することが可能になっています。

また、真の父母様は私たちに、蕩減《とうげん》復帰の原理を教えてくださっています。先祖から来る課題を解決すべき祝福家庭は、『原理講論』（二八七〜二八八頁）にあるように、縦的な蕩減条件を、「私」を中心として一代で横的に蕩減復帰することが願われているといえます。「蕩減」という言葉はもともと韓国語で、借金を減らしてあげることを意味します。すなわち、何かしらの条件をもって、それまで背負ってきた借金を軽くしてくれる、限りない恵みなのです。天寶《てんぽう》役事、先祖解怨や先祖祝福に取り組むとともに、自分や自らの家庭に起こる困難な出来事を甘受し、乗り越えていくとき、蕩減条件が立ち、私たちはおのずと、背負っている霊的な背景を整理することができるのです。

ただし、実際に私たちが先祖から受け継いでいる課題は、それぞれ違いますから、蕩減復帰が完了するまでにかかる時間も方法も、当然違います。人によって、その課題の種類も、解決の仕方も違うのです。ですから、祝福家庭同士でお互いに比較するのは意味がありません。あくまでも、自らの課題として現れるものに対して向き合い、受け止めていくことが重要です。先祖から受け継いだ課題を、自らの問題として捉える覚悟があるかどうかが重要です。

これまで、聖書歴史でいえば六千年、実際の人類歴史でいえば何十万年もかけて綴《つづ》られてきた罪の歴史ですから、その間に積み重ねられた内容をすぐには解決できないかもしれませ

なぜ祝福家庭に困難が降りかかるのか

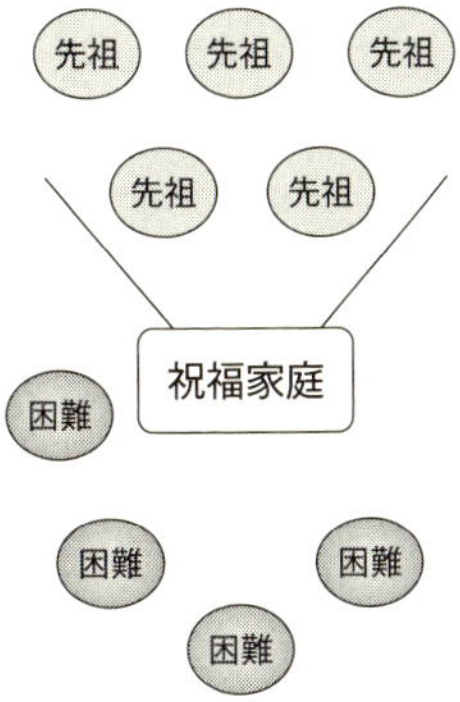

蕩減
- もともと、借金を軽くするという意味
- 小さな条件でそれまでの負債を減らしてくれる限りない恩恵

- その家系において神の血統を出発させる立場
- 家系が背負ってきた課題を一時に解決すべき立場

この立場を勝利して越えさせるために道を準備

（訓読会、天寶役事、先祖解怨・先祖祝福
七年路程、神氏族メシヤ・天寶家庭摂理など）

家庭同士で比較するのではなく、自らの課題に真摯に向き合う

ん。私たちが堕落性をすべて脱ぎ去り、本然の姿を取り戻すまで七代はかかるとも言われています。私たちは何代もかけて、祝福の本来の価値を現していく必要があり、その期間、神様の血統を守りながら、前進していかなければならないのです。

　真の父母様は私たちが一刻も早く蕩減条件を立て、勝利できるように、様々な道を準備してくださいました。先ほどのHJ天宙天寶修錬苑の摂理が本格化する前から、祝福結婚を前後した七年路程、ホームチャーチ、氏族メシヤなどの摂理が示されていましたし、現在は、それが神氏族メシヤ、天寶家庭の摂理として示されています。これらはすべて、私たちが真の父母様の天運に乗って、短期間で勝利することのできる道であるといえます。これらの摂理的な使命に自分から積極的に取り組んでいくことで、自らの背景も整理されるのです。

またそのほかにも、真の父母様は普段の訓読会はもちろん、特に十六万人日本女性修練会やジャルジン修練会などでのみ言《ことば》を通して、家庭生活において私たちがいかに勝利するかについても、細かく教育してくださいました。

これらの内容を真摯に受け止めて実践し、勝利していくことで、私たちは先祖から受け継いだ様々な課題を解決して、本来、神様と真の父母様が願われた基準を備えていくことができるのです。このような観点から見れば、私たちがみ旨の道を歩む苦労は、私たちにとっても、私たちの後孫にとっても、これ以上ない恵みと捉えることもできるのです。

統一教会は蕩減《とうげん》復帰の道を歩んできました。蕩減復帰をするために、このような事情の多い道を経ながら、先生は今まで基盤を築きました。滅びることなく、サタンの罠《わな》にかかって釣られることなく、残りました。（天一国経典『天聖経』第四篇 第三章 第一節 12）

皆さんが蕩減復帰の道を歩んでいるという事実、責任分担という運命的な道を歩んでいるという事実を、どれだけ感謝して受け止めましたか。「統一教会の原理のみ言は良いが、蕩減復帰は嫌だ！」と言うことはできません。大学に入るためには、その関門を通過するために試験を受けなければなりません。「私」が願う反対の道が横たわっているのです。これを解決しなければ学校に入ることができません。同じことです。統一教会の行く道は簡単ではありません。（天一国経典『天聖経』第四篇 第三章 第一節 11）

私たちは、信仰や愛、人格などにおいて、十分な資格を備えていたから祝福を受けられたわけではありません。ただ、神様と真の父母様の愛と許しによって、祝福を与えられたのです。それは言い換えれば、祝福を受けた後にも私たちは成長し続け、祝福家庭の名にふさわしい内容を備えていかなければならないことを意味しています。

このように、未来の勝利した姿を信じて私たちに投入してくださった真の父母様の愛を忘れてはなりません。その愛を心に留めて、苦労を苦労と思わずに歩んでいくときに、神様と真の父母様が下さった祝福の本然の価値を現していけるのです。

四、血統問題と恩赦の捉え方

それでも、歴史的に課された祝福家庭としての使命と責任に対して、時にはそれがあまりにも高い壁のように思えて、立ちすくんでしまうこともあるかもしれません。いくら投入しても、マイナスの結果ばかりが現れてくるように見えることもあるかもしれません。そのようなときでも、決して手放してはならないのが、神様の血統を守るという一線です。

　祝福結婚をして、神様の血統に接ぎ木されたという立場は、それだけで天の主管圏にあり、神様、真の父母様と親子の関係になっていることを意味します。親としては、能力や見た目に関係なく、親子であるから、すべてを許し、与え、愛したいと思うのです。そのような親なる神様、真の父母様の心情を思えばこそ、神様、真の父母様と自分を結ぶ血統という一線だけは、切ってはならないのです。

　祝福結婚をした立場から、再び脱線（再堕落）するということは、六千年をかけて復帰した神様と人間の親子の血統関係を、再び自ら断ち切ることを意味します。神様の子女としての位置を、自ら捨てることになるのです。その血統と位置を復帰するために、神様と真の父母様が苦労されてきた歴史を考えれば、それは私たち祝福家庭にとって、最も恐るべきことといえます。

　このように、私たちは祝福家庭の血統問題について、改めて深刻に考える必要があります。序章で述べたとおり、真の父母様は祝福家庭の血統問題に対して、非常に深刻に考えていらっしゃいました。また、一世の祝福家庭に対する恩赦を許されたときも、祝福子女の血統問題については救いの道がない、と語られていました。日本で初めて誕生した祝福子女たちは文字どおり、純潔を命懸けで守らなければならないと決意していたといいます。

血統問題と恩赦

神の血統
- 天の主管圏に所属していることを意味
- 神様、真の父母様との血統関係にあることを意味

再堕落
- 六千年をかけて復帰した
  神様と人間との血統関係を自ら断ち切ること

神様と人間を親子として結ぶ血統という一線だけは、切ってはならない

恩赦
- 真の父母様の勝利圏により、
  再堕落した祝福子女が戻ってくる道が開かれる
- ただし、その道を初めから念頭に置くべきではない
- 深く悲しまれる神様がいらっしゃることを忘れない

そのような時代を経て、現在は真の父母様の勝利圏によって、脱線した祝福子女も再び天のもとに帰ってくることのできる道が開かれました。しかし、だからといって、脱線しても恩赦を受ければよい、と初めから考えるのは間違いです。その罪を見て深く悲しまれる神様がいらっしゃることを忘れてはなりません。再堕落した立場から恩赦によって赦《ゆる》されるというのは、例えていえば、一度死んでしまったのを、生き返らせるようなものです。たとえその後、何の支障なく過ごせるとしても、それは本来、初めから目指すべき道ではありません。逆にいえば、そのような奇跡的な業を通して、祝福家庭に赦しの道を与えてくださっている真の父母様なのです。その真の父母様の愛に対して、改めて思いを馳《は》せる必要があります。

五、血統を守るための日々の信仰生活

このように祝福家庭は、神様と真の父母様を通して与えられた神様の血統を、守り抜く責任を与えられています。まさに、真の父母様が二〇〇一年一月十三日、神様王権即位式を挙行された時に宣布された天法について、その第一条として、「神の血統を永遠に守る」ことを挙げられたとおりです。

それでは、祝福家庭がこの責任に対して、一世の父母はもちろん、二世、三世と、代々にわたって勝利していくためには、日々の生活の中で、どのようなことを意識すべきなのでしょうか。まず重要なことは、私たちから神様の血統を奪おうとする存在、すなわちサタン的存在がいるということを、はっきりと認識することです。

レバレンド・ムーンは、サタンを最もよく知るチャンピオンです。これまで人類は、人間を堕落させ、すべての悪行を主導する悪魔サタンの正体が何かを知りませんでした。私は、摂理を出発した草創期に、十四年以上の間、血のにじむ霊的な祈祷生活を通して、天上世界のあらゆる秘密を深く調べていく中で、すべての悪の根源であるサタンの正体が何であり、さらには、サタン

の戦略と戦術が何かを知るようになりました。

堕落によって血統を汚してきたことがサタンの戦略戦術だったため、私は、天の側に本然の血統を探して立てようと全力を尽くしてきたのであり、このような天の戦法が世界的に広く知られた交叉《こうさ》合同祝福結婚運動なのです。（天一国経典『平和経』第十篇13）

このように真の父母様は、血統を汚すことこそ、サタンの戦略戦術であると語られています。私たちの心の隙を狙って、神様の血統を再び汚そうとするサタン的存在がいるのです。それは目に見えない悪霊であったり、その悪霊の影響を受けた人であったりするわけですが、そのような存在が、祝福家庭を再びサタンの血統に引き戻そうと、日々暗躍しています。その侵入を受けないように、条件を奪われない生活を心掛ける必要があるのです。

家庭生活全体でいえば、日々の訓読会、敬礼式、祈祷会、毎週の礼拝参加、十一条献金など、基本的な信仰生活を徹底することが重要です。また、夫婦の立場でいえば、夫と妻が隠し事なく、真の愛を中心としてために生き合い、一つになっていることが何よりも大切なことでしょう。神様と真の父母様を中心として一つになった夫婦の絆《きずな》は、私たちを守ってくれる何よりもの防波堤になります。

それとともに、日々の学校や職場生活においては、異性からの相談を二人きりでは受けな

神の血統を守るための日々の取り組み

1．サタン的存在の認識

祝福家庭をサタンの血統に引き戻そうと暗躍する存在がいる

2．基本的信仰生活の徹底

訓読会、敬礼式、祈祷会、礼拝、十一条献金など

3．夫婦の一体化

天を中心として一つになった夫婦の絆は何よりもの防波堤

4．自己分別と環境分別

日頃から触れる情報を分別するとともに、堕落につながりやすい環境をつくらない

いとか、酒・たばこ、合コンの場には行かないなどの分別が必要となります。また、インターネットや漫画などを通して、すぐにポルノなどの淫乱情報が手に入る現代社会において、自らを正しく律する必要があります。

異性からの相談を二人きりで受けることは、たとえ教会における活動でも避けるべきです。公務として責任分担が与えられ、相談を受ける場合でも、十分に気をつける必要があります。情が私的に流れていることを感じたら、すぐにアベルの立場にいる人に報告しなければなりません。水に溺れている人を助けようとするとき、一人で手を伸ばしたら、引っ張られて一緒に溺れる場合が多いのです。そのようなときは、一人では相談を受けず、基台を組んで取り組む必要があります。

いずれにせよ、自分は大丈夫であると信じすぎ

ないことが重要です。いくら自らを律する力が強かったとしても、環境によっては、横的に流されてしまう可能性があることを自覚し、そのような環境をつくらない、そのような環境に近づかない、という心構えが必要です。安易に、自分は大丈夫だと思い込むのは、サタン的存在の恐ろしさについて無警戒な態度です。サタンの勢力は常に、神様の血統を持つ祝福家庭を狙っていることを忘れてはなりません。

六、子女に対する血統教育

一方で、子女が純潔を守るように導くには、親として、また違った努力が必要となります。一番重要なことは、たとえ完璧ではなかったとしても、子女が自分の親を通して、神様と真の父母様の愛を感じることができるように接することであり、家庭を真の愛を感じる場所にしていくことでしょう。親は何よりもまず、その子供が天の子女であるという認識のもと、愛と祈りをもって育てることが重要です。そのような中で、子供は神様と真の父母様に対して、自然に情を向けるようになるのです。

その上で、愛を土台とした信頼関係ができたならば、子女の心情の育ち具合を見計らい、「神様の血統を、何より大切に守ってほしい」ということを、自然な形で繰り返し伝えることが重要です。また、祝福家庭の家訓として「血統を守る」、「ために生きる」などの教えを幼い時から優しく教えるのも効果的です。その場合、子女の成長度合いに従って、より具体的な形で説明する必要があるでしょう。

そのようにして、子供が「神様、真の父母様、親の悲しむ姿を見たくない」と自然に思えるように導く必要があります。今の社会で生きていく以上、子女が全く誘惑を受けずに生きることは難しいでしょう。しかし、誘惑を受けたときに、神様、真の父母様、そして自分の親の顔が思い浮かぶかどうかが、子女の行く道を左右するのです。

また、いつまでも親が子供を直接守ることはできませんから、子供自身が主体的信仰を確立し、自らの意思で純潔を守っていくように導く必要があります。その際、家庭の保護圏と同時に大きな役割を果たすのが、地域の所属教会における教会学校、中高生部などです。このようなコミュニティーを充実させることで、子女たちは真の父母様を中心とする兄弟姉妹の心情を育み、家庭とは別の保護圏として、その恩恵を受けることができます。その恩恵は非常に大きく、多くの子女が兄弟姉妹の因縁をきっかけとして、教会活動に積極的に取り組むようになり、主体的信仰を確立しています。

さらに、私たちが氏族メシヤの使命、天寶《てんぽう》家庭としての使命を勝利していくことで、親戚関係も同じ神様の血統圏に入りますから、子女にとっての天の保護圏はより強いものとなる

子女に対する血統教育

1．愛と祈りをもって育てる

子女が親を通して、神様と真の父母様の愛を感じられるように

2．血統の重要性を伝える

子女の成長に合わせて、自然な形で繰り返し伝える

誘惑を受けたとき、
神様、真の父母様、親の顔が思い浮かぶかどうか

3．教会コミュニティーの充実

子女が主体的信仰を育めるようにサポート

4．天寶家庭摂理の勝利

氏族を天の保護圏にして、子女を守り導く

道を踏み外すことがあったとしても、
神様の心情を尋ね求めながら、精誠を尽くしていく

でしょう。実際に、祖父母やおじ・おば、いとこなどがみな祝福家庭となった場合、祝福子女たちはより自然な形で、子女の愛、兄弟姉妹の愛を育んでいくことができるのです。

それでも、時には父母の思いが伝わらず、子供が道を踏み外すことがあるかもしれません。それは、神様の血統を生命視する祝福家庭にとって、これ以上ない悲しみであり、苦痛でしょう。しかし、そのような立場に立たされた時に、それでもあきらめることなく、天の前に救いの道を祈り求めていくことで、私たちは人間始祖が堕落した時に、それを見つめていらっしゃった神様の心情、そこから一つひとつ復帰歴史を導いてきた神様の

心情を体恤《たいじゅつ》することができるのです。また、その神様の心情を慰め、解放してさしあげるために歩んでこられた真の父母様の心情を体恤することができるといえます。

真の父母様の勝利圏によって、私たちはどのような状況に陥っても、そこから救いを得られる道が開かれています。ですから、たとえ子女が道を踏み外したとしても、決してあきらめることなく、再び神様の血統に戻ってくることができるように、精誠を尽くし、努力する姿勢が重要です。

七、血統転換から心情転換へ

私たちはこのように、たとえ紆余《うよ》曲折を経ながらであっても、代を重ねて、神様の血統を守っていかなければなりません。それとともに、一人ひとりが心情転換を成していく必要があります。各自が神様、真の父母様と親子の関係を結んだ上で、本然の心情を復帰し、孝情《ヒョジョン》を育んでいくことが重要です。また、その縦的関係において育んだ心情を横的に展開し、ために生きながら、四大心情圏を育んでいく必要もあります。そうして、周りの人々に、神様の愛と生命と血統の価値を証《あか》ししていくのです。

このようにして、真の父母様を通して神様の血統につながった祝福家庭が、真の愛を実践しながらさらに祝福結婚の恩恵を全人類に広げ、神様の血統を拡大していく先に、神様が本来、願われていた平和理想世界が築かれるのです。

私たちが祝福結婚を授かったというのは、あくまでも種を頂いたにすぎません。その種を植えて出てくる双葉も、小さく見えるかもしれません。それでも、その価値を信じて、水をやり、肥料を与え、嵐から守っていくことが願われています。その先にこそ、天の父母様の創造理想の花が咲き、多くの実を結ぶ未来が待っているのです。その祝福の最高の価値を信じて、日々、前進してまいりましょう。

第五章のポイント

- 祝福結婚を通して与えられた神様の血統を守り抜くことが、祝福家庭にとっての最優先事項である。その祝福家庭が絶対的に守るべきなのが、絶対「性」（絶対純潔・絶対貞節）の基準である。
- 祝福家庭は、その家系において新たに神様の血統を出発させる重要な位置にある。それは同時に、先祖が抱えてきた問題、縦的な蕩減《とうげん》条件を、「私」を中心として一代で横的に蕩減復帰する立場である。それが、現実において祝福家庭に様々な問題が起こる理由である。

天寶《てんぽう》役事と先祖解怨・先祖祝福、天から示されるその時々の摂理的使命、普段の生活姿勢などを通して、各家庭が抱える課題に取り組んでいかなければならない。

- 脱線（再堕落）するということは、六千年かけて復帰した神様と人間の親子の血統関係を、再び自ら断ち切ること。今は恩赦の道が開かれているが、再堕落の罪を見て深く悲しまれる神様と真の父母様のことを思えば、その道を初めから安易に期待することはできない。
- 私たちから神様の血統を奪おうとするサタン的存在がいることをはっきりと認識する。その侵入を受けないように、基本的な信仰生活を守り、夫婦の信頼関係を深めることが重要である。また、自分のことを過信せず、環境を分別することを心掛ける。
- 親として、子供は天の子女であるという認識のもと、彼らが純潔を守れるように導かなければならない。そのためにも、家庭を真の愛の場とし、子女と信頼関係を育んでいく必要がある。また、教会共同体や氏族圏を通して、子女の保護圏を築くことも重要である。
- 神様の血統を守りながら、一人ひとりが心情転換を成していく。真の父母様を通して神様の血統につながった祝福家庭が、真の愛を実践し、祝福結婚の恩恵を全人類に広げていくことが願われている。

祝福家庭と神の血統 なぜ我々は神の血統を守るのか

2021年10月10日　初版第1刷発行

編　集　天の父母様聖会 世界平和統一家庭連合 家庭教育局
発　行　株式会社 光言社
〒150-0042　東京都渋谷区宇田川町37-18
電話　03（3467）3105
https://www.kogensha.jp
印　刷　株式会社 ユニバーサル企画

ISBN978-4-87656-218-3